中國古玉器

Chinese ancient jade
identification Tips

器

鑑定祕笈

金天放 編著

目次 *Contents*

作者

中國

學習之旅

作者金天放先生（左）向「明玉碾琢工藝特徵及仿古作偽的鑑別」
乙文作者李久芳老師請益。（攝於中國國立歷史博物館貴賓室）

作者金天放先生（右一）向中國國立故宮博物院張壽山老師請益
古玉鑑定細節和方法。（攝於中國國立歷史博物館）

作者金天放先生（右一）
接受張壽山老師（右二）
李久芳老師（右三）劉
東瑞老師（右四）有關
古玉鑑定各項步驟的指
導。（攝於中國國立歷
史博物館貴賓室）

李久芳老師（右一）劉東瑞老師（右
二）史希光老師（右四）（當時任
中國國立歷史博物館鑑定委員會委
員兼保管部徵集室副主任）及張壽
山老師（左一）針對作者金天放先
生家族收藏文物指正鑑定重點。（攝
於中國國立歷史博物館貴賓室）

作者金天放先生（左一）
隨同劉東瑞老師（時任
中華人民共和國文物局
國家文物鑑定委員會秘
書長乙職）前往中國歷
史博物館。（攝於館前
大道）

前言

珠寶之收藏，除了要「美」，更重要的是「真」；因此，珠寶界常說：「不怕買貴，就怕買錯」。原因無他，只要是「真」，即使今日買貴了，終有一天它會漲回來的。文物之收藏，古玉器之購藏，亦復如此。

古玉器真、偽之鑑定，就投資者而言，是十分重要的，因為，它牽涉到該購藏品之歷史真實性與價值性，更影響到收藏者今後之投資報酬率。所以，古玉鑑定如無一明確且令人信服之科學證據與實務程序，在今日甲專家說「對」，乙專家說「不對」的紊亂古玉器市場環境下，自然無法提昇人們對古玉器投資之意願，進而影響古玉器尤其是高古玉器之市場應有價值。

筆者家族近百年收藏之古玉中，許多高古玉器表面均有極為明顯之「風化現象」與各種「次生生長變化」。在今日愛好者，甚至古董商已甚少有機會至博物館「上手」出土古玉器，更談不上以放大鏡近距離仔細觀察古玉器表面之各種風化、次生變化現象；因此，即令研讀坊間各種以文字、照片敘述之古玉鑑定書籍，總有「霧裡看花」摸不著頭緒的感覺。鑑此，筆者特別遴聘專業攝影師以高顯析精密攝影機，針對家族所藏古玉器進行攝影並透過後製之高顯析照片之局部放大，以為本書之教學圖示；另亦將部分物件製成 DVD 隨書發行，以提供愛好者，如「上手」玉器般，在電腦螢幕上透過放大效果解析玉器照片，逐一觀察古玉器表面各種「風化現象」、「次生生長變化」與「碾玉工法」，藉此親炙古玉之實物風貌，增強愛玉者鑑定之能力。

第一章

古玉器之碾工

《三字經》《禮記》均云：「玉不琢、不成器」，軟玉（新疆所產之閃玉）摩式硬度 5.0~7.1，硬玉（緬甸所產輝石類之翠玉）摩式硬度 6.4~7.0，兩者玉石硬度都已達摩氏 6 以上，無法以金屬器具雕刻。因此，古人採用「以石制石」的方法，採用硬度比它更高之礦石，如石榴子石、石英、剛玉等，將之研磨為末然後用水漂去漿，把潔淨的細砂浸水備用，玉工稱此細砂為：「解玉砂」。

清光緒十七年，李澄淵著有「玉作圖」，在 12 圖中但見玉工以「旋車」（或稱砣具），上置長方桌、木軸、盛砂盒，當玉工工作時，玉工兩隻腳踏動桌下之踏板，令木軸旋轉，軸端的鋼盤（玉工稱之為札鍋，或側鉈）也跟著轉動。再藉鋼盤之力，推動解玉砂，將玉石碾琢成器（今人多稱琢玉為雕工或刀工。明、清之行話則稱「碾工」，「碾」意磨也。周密在其「志雅堂雜鈔論玉」乙文中，提到白玉花尊，以「文藻碾法極精」形容。明代高濂在「燕閒清賞論玉」談到漢剛卯時，曾以「碾法之工，宋人亦自甘心」敘述，觀「玉作圖」製玉之方法，「碾」較「琢」，實更為貼切、傳神）。

一件玉器之製成，除旋車與解玉砂外，尚須使用打眼的鑽、開玉（又稱拉絲）的鋸（此鋸並無鋸齒）、做透花的搜弓、以及瓶罐類之掏膛、打磨（或稱拋光）用的木皮、牛皮及更多之碾玉工具，方能製成一件玉器。

不論玉工如何操作碾玉之各式工具，在將玉器碾琢成器過程中，不可缺少的物品，即是「解玉砂」。也因此，在採用「解玉砂」碾玉之工法過程中，不論最後玉工打磨技巧再好，必然會在玉器紋飾之死角上留下一絲絲碾玉時解玉砂留下之痕跡。因此，除少數高古玉器因埋葬環境極端惡劣已將玉器表面完全腐蝕，否則，在 15 倍放大鏡及高倍顯微鏡下，玉工碾琢玉器時所留下之一絲絲解玉砂之痕跡，仍隱然可見。

根據一些文件資料顯示，這種以旋車、解玉砂碾玉之工法，大陸地區在文革前仍有人使用。而現代之制玉則採用電動雕刻刀雕刻玉器，二者因使用琢玉工具之不同，所呈現之工法表現自然也不一樣。

採用旋車、解玉砂碾玉，由於玉工碾法之技巧各有不同，使用工具亦各有所長；在古玉器並非都由同一玉工所製之情形下，玉器碾琢紋飾所留下之工具痕跡，自然也並非一層不變。

古玉器係以旋車旋轉工具並藉解玉砂碾琢玉石成器，此種旋轉工法，在玉器紋飾上留下特殊的斜坡式工法（此工法以漢代明器中之握豬、唅蟬之漢八刀工法，最為顯著）；在放大鏡下，鑑定人可清楚看到古玉器之紋飾，因砣具旋轉之碾玉工法特性，使紋飾之碾成多半呈斜坡狀。現代電鑽雕刻，多為直立式紋飾，即使刻意琢成斜坡狀亦無碾玉時解玉砂所留下之絲絲痕跡。

古人在談論中國古玉之碾玉技巧時，咸以臥蠶紋、雙鈎碾法為其中之最，吳中張應文在其所著「清秘藏論玉」乙文中寫道：「古玉人做法，後人俱可得其髣髴，惟臥蠶紋、雙鈎碾法，今人非不為之，其妙處在宛轉流動，細入秋毫，更無疏密不勻，交接斷續，儼若游絲白描，曾無滯迹，終不了到也。」來說明臥蠶紋、雙鈎碾法工法精妙之處。

文中又談到：「三代秦漢人製玉，古雅不煩，無意肖形，而物趣自具。若宋人製玉，則刻意模擬，雖能發古之巧，而古雅之氣，已索然矣。」張應文短短數語，道出三代秦漢玉工與宋代玉工製玉時，其意念之差異影響到玉器成品外觀表現。筆者認為這可做為我們鑑賞歷代古玉時，一個參考分辨之方向。

瞭解古人碾玉之工法後，我們可以作成一個結論，那就是一件待鑑定之「玉器」，如果透過 15 倍放大鏡都無法在玉器任何紋飾之死角，找到解玉砂碾玉所留下之痕跡，則這件器物應該是現代電鑽雕刻而成之玉器，應無疑議。

本節重點回顧：

一、清代以前之玉器，玉工係以旋車（砣具）、解玉砂為製玉基本工具。

二、旋車碾玉工法造成玉器紋飾多呈斜坡方式收工之特徵。

三、製玉過程解玉砂在玉器紋飾上留下絲絲解玉砂碾玉時之痕跡，尤以紋飾死角在放大鏡下隱然可見。與現代機器電鑽雕刻留下之痕跡完全不同。

四、「臥蠶紋、雙鈎碾法」碾玉工法宛轉流動，工法自然，非今人所能也。

五、宋人製玉刻意模擬，三代秦漢製玉，古雅不煩。

藏品來源：

溫州府鹽知事、浙江省參議員 陳益軒先生
1913 ～ 1928 年間購於北平廊房二條
聚源樓　賈恆甫掌櫃

圖 1

春秋　雲龍紋棗皮紅玉勒

高 5.4 cm × 寬 3.8 cm × 厚 1.8 cm

文物賞析重點提示：

臥蠶紋、雙鈎碾法，乃漢前玉工工法之極至，本器玉工在 5.4cm、
寬 3.8cm 方寸間，滿雕紋飾，工藝精絕。器身受鐵鏽沁，呈罕見之
棗紅色（古玉界稱棗皮紅沁），為萬中無一之棗皮紅春秋玉勒。

藏品來源：

陳拾璜醫師

1946～1949 年間購於上海江西路北口路東

藝林古玩店　羅伯恭掌櫃

圖 2

東周　龍鳳紋白玉蓋瓶

高 30.4 cm × 寬 18 cm × 厚 7 cm

文物賞析重點提示：

張應文「清秘藏論玉」云：「古玉人做法，後人俱可得其髣髴，惟臥蠶紋、雙鈎碾法，今人非不為之，其妙處在宛轉流動，細入秋毫，更無疏密不勻，交接斷續，儼若游絲白描，曾無帶迹，終不了到也。」本器高 30.4cm、寬 18cm 以和闐白玉碾琢而成，玉工碾法正與上文所書相符。為東周極為珍貴之大型白玉瓶擺件

13

圖3

周　龍鳳紋鷹鈕轉心玉蓋瓶

高 31 cm × 寬 18 cm × 厚 18 cm

文物賞析重點提示：

本器係以整塊和闐青玉碾琢而成，中間玉瓶可旋轉，可謂是最早之玉轉心瓶。
以雙鉤碾法紋飾全器，其轉心瓶之工法可謂「鬼斧神工」。為西周極為珍貴
之大型玉蓋瓶。

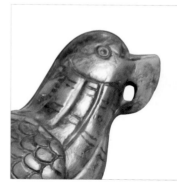

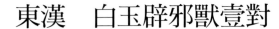

藏品來源：

陳拾璜醫師
1946～1949 年間購於上海江西路北口路東
藝林古玩店　羅伯恭掌櫃

圖4

東漢　白玉辟邪獸壹對

高 10 cm × 長 12 cm × 厚 6 cm│高 9.5 cm × 長 12 cm × 厚 6.2 cm

文物賞析重點提示：

本對辟邪獸係以和闐籽料精碾而成，獸尾、角之絢紋（繩
紋）部碾工犀利，獸身腹部以大斜坡工法表現獸之胸骨，
頗有漢八刀餘韻。漢辟邪獸並不少見，惟帶子辟邪又成
雙成對者，尚無所見。足見本對漢代玉辟邪之珍貴處。

圖 5

漢　螭紋玉劍摽（珌）

高 4.9 cm × 寬 5 cm × 厚 1.4 cm

文物賞析重點提示：

本器風化過程中，螭紋面已呈白化現象，另一面則呈褐
色沁。白化部份玉質極為溫潤。在左下角顯微放大下，
可見本器背面饕餮紋及雲紋碾工，其砣具斜坡碾法極為
具體，可仔細觀察，以做為鑑定碾工老工法時之依據。

圖6

藏品來源：

溫州府鹽知事、浙江省參議員 陳益軒先生
1923 年購於北平琉璃廠
延清堂　任雁亭掌櫃

戰國　雲紋扁玉勒

高 5.7 cm × 寬 3.1 cm × 厚 1.2 cm

文物賞析重點提示：

本器紋飾碾工介於春秋、戰國間，玉器受沁呈皮蛋色為古玉界所稱之皮蛋沁
（玉器玉質為青白玉、黃玉者，較易受沁呈皮蛋色）。雲紋轉折圓滑（砣具斜
坡碾法明顯）無刀匠之氣，撫之溫潤平滑，為少見之戰國扁玉勒精品。

藏品來源：

陳拾璜醫師

1946～1949 年間購於上海江西路北口路東

藝林古玩店　羅伯恭掌櫃

圖 7

戰國　橄形白玉勒

高 4 cm × 寬 2.7 cm

文物賞析重點提示：

本器係以和闐籽料白玉精碾而成，玉工在高 4cm、寬 2.7cm
橄形之小小空間中，以滿雕方式碾以雲紋，沁色呈金黃沁，
為戰國時期華麗紋飾之代表作。

藏品來源：

陳拾璜醫師

1946 ～ 1948 年間購於上海

愚園路公寓　仇焱之先生

圖 8

漢　神獸饕餮紋斧形玉珮

高 9 cm × 寬 5 cm × 厚 1.1 cm

文物賞析重點提示：

本器受風化，玉珮斧部及神獸之尾部，均有明顯之透閃石次生生長，玉器受鐵鏽呈褐紅沁，玉質極為油潤，本器玉工碾玉之各部位工法極為明顯，是觀察碾工之極佳標的，玉器神獸鳥嘴獸身，饕餮紋為飾霸氣十足，應為漢皇室珮飾。

圖 9

漢　雙螭虎白玉璧

圓徑 11.6 cm × 高 2.5 cm

文物賞析重點提示：

本器係以和闐籽料白玉採高浮雕方式，碾琢兩螭虎游玩於璧上。
本器由玉器璧之表面拋光如鏡面之工法，可知玉工碾玉之功力，
已達極至。應為漢朝盛世皇家之物，十分珍貴。

第二章
古玉器之風化與沁色之形成

古玉器不論埋於地底，或是傳世，都易受到週遭環境之影響，產生風化現象。以往古玉界，把這種古玉器風化所造成之玉器外表顏色改變，通稱為「沁色」。將愛玉者把玩後所形成古玉器表面，呈油潤狀或玻璃光狀之情形，稱之為「皮殼」「包漿」。地質學家則將此種古玉器之風化歸類於化學式的風化，並進而產生諸如擴散暈、多次風化、表面化學風化、表面溶蝕、內部溶蝕、差異風化及紋溝風化等諸多現象。

　　本書無意針對地質學家各項化學風化進行學術性討論；而僅就古玉器鑑定時，古玉風化後之次生生長變化及各種古玉沁色形成之礦物科學論據加以闡明，以做為人們鑑定古玉時之科學依據。

2-1　白化現象

早年西方人對中國古玉器所產之雞骨白、象牙白等變化，都以「鈣化」稱之。影響所及，直至今日仍有部份愛玉者，還以「鈣化」來敘述此古玉器表面之變化情形。

　　在電子顯微鏡下，閃玉是由葉片狀的透閃石晶形所組成，當玉石遭受風化後，部份葉片狀晶體經微小溶蝕，其晶體結構改變為針狀及纖維狀結晶，由於晶形改變，晶間孔隙度劇烈增加，使外部光線進入時光線亂射，形成玉石表面層對光線之「全反射」，造成人們視覺上的白化。

　　古玉器嚴重的白化，除使得古玉器比重減輕、硬度下降外；影響更大的，是古玉器白化後晶間孔隙增加，外來物質之色彩，極易透過此白化處進入玉器內部。筆者家族收藏玉器中有一件「漢　青玉螭紋劍璏」，部份玉器表面經風化產生許多點片狀白化現象，在一次錦盒受潮下內部之藍色絲絨布色彩，即滲入部份玉器白化處，造成玉器白化處受染呈明顯藍色。由此可見，許多玉器之沁色，有可能是在古玉器先有白化現象後，在數千年歲月中歷經洪水淹沒之時，其外界環境中之各種物質顏色：如黃土之黃、大紅老土之紅、銅器之銅銹綠、鐵器之鐵銹黃，在物理「滲透壓」原理下，都極易滲入玉器中，造成古玉器各式各樣斑斕的沁色。

　　古玉器之白化，是古玉埋於地裡經長時間環境影響所造成之晶形溶蝕後之變化；與仿古玉以火燒或強酸、強鹼短時間所造成之白化，二者最明顯的差異，在於後者玉器表面經火燒及強酸、強鹼侵蝕破壞下，除失去了玉表之光澤外（筆者在臺北市大都會古玩街曾看到幾件明代經火燒之玉器，即令時至今已有六百餘年之歲

月，惟受火燒部份，仍較未受火燒部份呈現較乾枯現象一眼可辨，同時亦較無玉之潤澤），其玉表還呈現火燒後之火裂紋（在顯微放大下，可看到細微裂紋中帶黑之火烤現象）。反觀古玉器因係長時間經大自然環境風化所形成之白化，不但白化處仍有玉之光澤。出土後經愛玉者盤玩，玉器反而更為油潤。有些古玉器更呈現如牛奶糖般細白、油潤，令人愛不釋手。

古玉因白化後所造成之「沁色」，邏輯上外部色彩既能藉玉石晶間改變之空隙進入，自然也可能因外界之影響而「褪」色；以筆者家中受藍絲絨布所浸染之藍色，經筆者多次以熱水浸泡（約攝氏 80 度熱水），其受染藍色有逐漸淡化的情形。在此筆者要提醒愛玉者古玉在盤玉過程中可浸泡熱水，但卻千萬不可用水去加熱煮玉，以免造成古玉之傷害（緬甸硬玉，不肖商人不論是先以強酸去玉石之雜質、還是用膠填具抽完雜質之玉石空隙製作之 B 貨。或是以調和之化學染料染製 C 貨。其製作過程，都是將玉石放置於強酸、膠、染料的鍋中，透過物理「熱漲冷縮」原理，不斷煮沸加熱，來完成玉石 B 貨、C 貨之製作。因此，以水煮古玉，自會造成古玉表面之傷害）。在亞熱帶的台灣，一些白化後所造成入沁不深之古玉，極易受佩戴人汗水酸鹼之影響，沁色慢慢褪去還原至白化現象。因此，鑑定古玉者切勿以古玉之沁色會褪色，即直指為仿古玉。當然，像這一類受沁不深之古玉，筆者並不建議佩戴，以保持其可愛的沁色。

筆者外祖父民國初年收藏之良渚文化之蛇紋石古玉器，白化時常呈現蜘蛛網狀之現象，此為蛇紋石良渚文化玉器鑑定時重要之參考依據。

本節重點回顧：

一、玉器之白化（早期西方人稱「鈣化」）係閃玉受風化，表面晶形由葉片狀結構改變為針狀或纖維狀晶形所造成。

二、玉器白化後，表面晶間空隙變大，外界環境中各種物品之色彩極易進入玉器，形成古玉之各種沁色。

三、用火燒烤玉器或以強酸、強鹼造成玉器白化，除玉器表面形成火烤裂紋外，玉石光澤盡失，呈乾枯狀。

四、盤玉時可以熱水浸泡以去古玉表面之土銹，但不可煮玉，以免傷害古玉。

藏品來源：

溫州府鹽知事、浙江省參議員 陳益軒先生
1923 年購於北平琉璃廠
延清堂　任雁亭掌櫃

圖 10

商　玉貴人

高 5.2 cm × 寬 2.7 cm × 厚 0.6 cm

文物賞析重點提示：

本玉人頭戴高帽，似外邦人士，裸身、跪姿。左半部經風化已呈白化，
受沁處如牛奶般溫潤，未受沁處則呈原玉質半透明狀；受沁與未受沁恰
似一半。大自然所造成沁色之奇，令人讚嘆。

藏品來源：

溫州府鹽知事、浙江省參議員 陳益軒先生
1923 年購於北平琉璃廠
延清堂　任雁亭掌櫃

圖 11

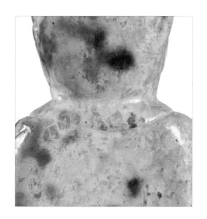

漢　官服玉立人

高 6.6 cm × 寬 2 cm × 厚 1 cm

文物賞析重點提示：

本小玉人器身經風化多半呈白化，器身雖小在玉人背部白化處顯微放
大，次生生長清晰可見。鑑此，漢前古玉經風化呈白化現象而無次生
生長現象者，反不多見。本器文官帽上穿有二小孔，亦可佩戴之用。
本玉人小巧精緻，十分可愛。

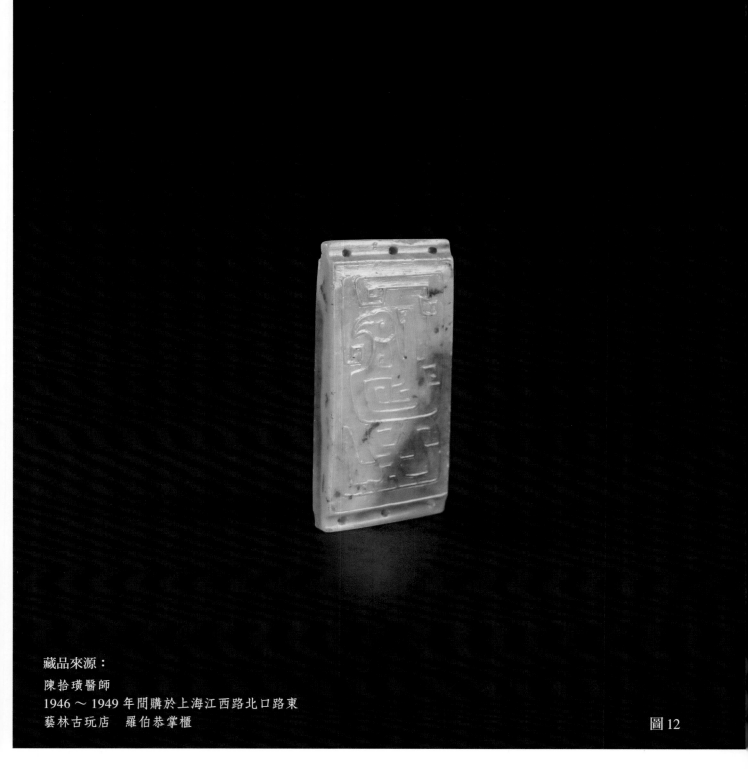

圖 12

商　鳥紋玉衣飾

高 5.5 cm × 寬 2.8 cm × 厚 0.2 cm

文物賞析重點提示：

本器係以雙鈎碾法碾製而成，工藝極為精湛。器物受風化部份已呈白化現象，
部份呈皮蛋沁，在顯微放大下碾玉時留下之絲絲解玉砂風化後之痕跡，清晰可
見。仔細觀其碾工之工法，可與現代機器工之仿品刀工做一分辨。

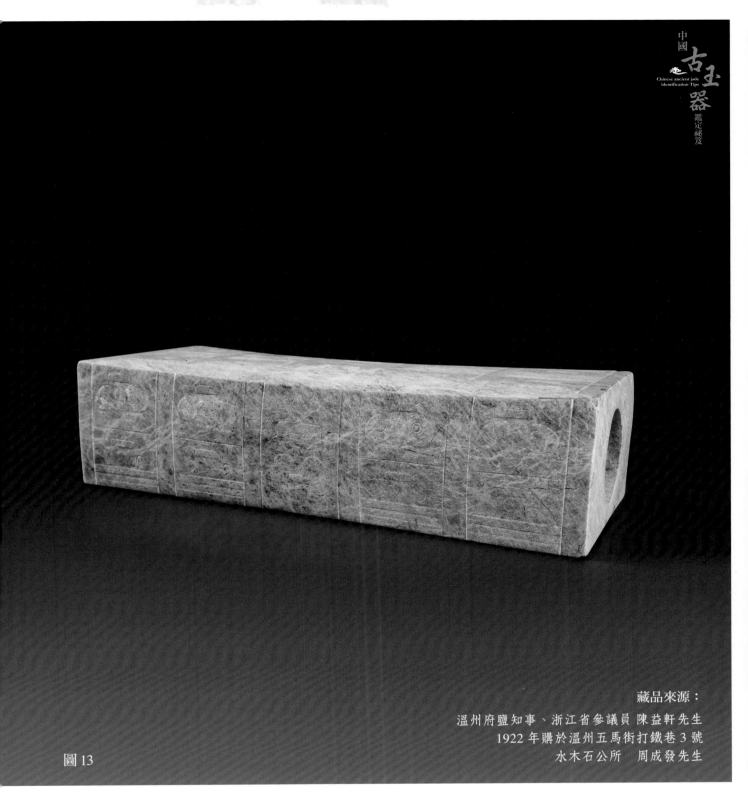

藏品來源：

溫州府鹽知事、浙江省參議員 陳益軒先生
1922 年購於溫州五馬街打鐵巷 3 號
水木石公所　周成發先生

圖13

良渚文化　神人騎獸紋玉枕

長 27 cm × 高 11.9 cm × 厚 7.3 cm

文物賞析重點提示：

本器係良渚文化蛇紋石玉枕，由左下角部份玉器顯微放大，顯示蛇
紋石白化過程常呈蜘蛛網狀之風化現象。本玉枕據陳益軒先生記
載，係購自溫州大建商周成發先生民初時承包土木工程挖掘所得。

圖 14

良渚文化　神獸紋玉鐲

圓徑 8 cm × 高 2 cm

文物賞析重點提示：

本器為碾有神獸紋之良渚文化玉鐲，蛇紋石之玉質極為溫潤，
受風化部份均呈白化現象，部份白化處呈蜘蛛網狀，為蛇紋石
白化之明顯變化，可藉此觀察蛇紋石白化之現象。

圖 15

西漢　玉剛卯

高 2.4 cm × 厚 1.2 cm

文物賞析重點提示：

民初陳大年「剛卯嚴卯考」云：「剛卯刻字，實古代殳書之正宗，殳書在漢後，失傳已兩千餘年，賴有剛卯，始克見其面目之存在」。又云：「剛卯文字，因假借太多，頗難索解，但其意在驅逐鬼魅，則無疑問」。本器經風化已呈全白化，共四面三十二殳字，為珍貴之西漢玉剛卯。

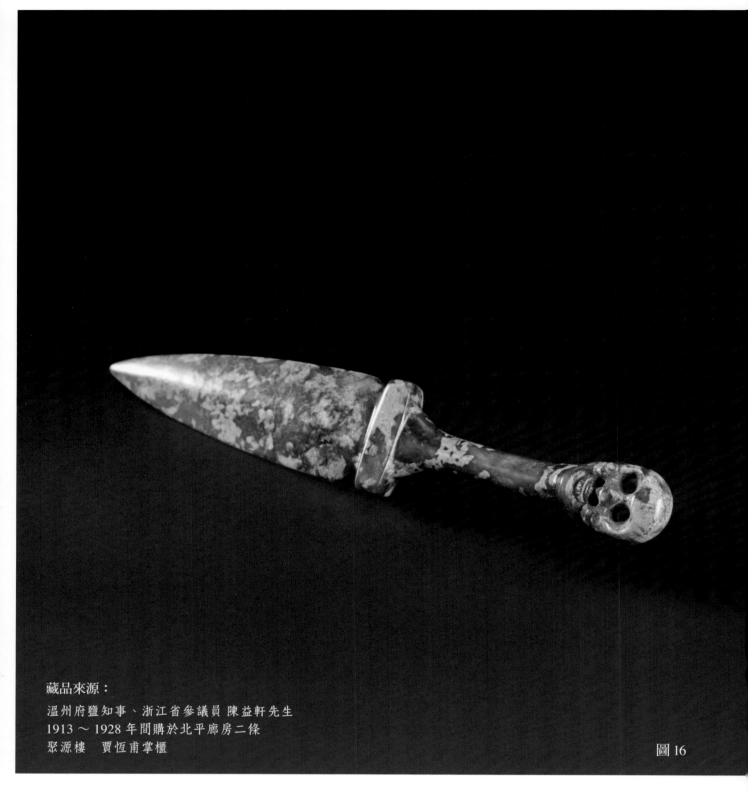

圖 16

紅山文化　人首骷髏玉匕首

長 22 cm × 寬 4 cm × 厚 1.3 cm

文物賞析重點提示：

本匕首經風化，器身呈塊斑狀白化，顯微放大下白化處各種礦物次生生長遍佈，
匕首以人頭骷髏表現，當屬文化期文化之表現。本玉器以玉質碾琢當非實用之物；
應是文化期氏族領袖權利之代表物器。世所罕見，極為珍貴。

圖 17

藏品來源：

溫州府鹽知事、浙江省參議員 陳益軒先生
1920 年購於北平琉璃廠
銘珍齋　韓敬齋掌櫃

東晉　吐舌龍鳳紋玉擺件

高 8.7 cm × 圓徑 6.6 cm

文物賞析重點提示：

本器龍鳳紋吐長舌，為晉代龍紋之特殊表現。器身受風化後呈片片白化，全器玻璃光，足證玉工碾玉時拋光之功力。本玉器似為臂環惟圓徑甚小，暫以擺件名之。為少見之晉代文物，彌足珍貴。

31

2-2 次生生長

玉石風化所形成之輕微的溶蝕,造成玉石表面之白化。更嚴重的溶蝕,則造成古玉業者所稱的「蝕斑」及「蛀孔」。在此種玉石晶形改變溶蝕過程中,直接、間接亦造成「透閃石及其他礦物的次生生長」,如「透閃石晶面暴露」(古玉業者稱之為「雲母」)、「陽起石次生」、「透閃石次生」、「蛇紋石次生」、「白雲石次生」等,這些礦物的次生生長,在 15 倍放大鏡下以 45 度斜角觀察,多半均微微凸出古玉器表面,甚至還跨越紋飾。

這些經大自然長時間風化所造成之古玉礦物次生生長,在放大鏡下呈現針狀、粒針狀、放射狀、塊狀等各種不同形態呈現;地質學家證實此種古玉礦物之次生生長,是無法以人工方式在短時間造成。因此,鑑定古玉時,只要看見閃玉類礦物之次生生長,地質學家就礦物學角度認為這件玉器百分之百是古玉。

在古玉鑑定實務上,玉石白化處、蝕斑處在 15 倍帶燈光放大鏡下常見到閃閃發光之「透閃石晶面暴露」,它們有些呈點點星狀,如以肉眼觀察甚至不易看見。而「陽起石次生」及各種礦物次生生長,大都出現在古玉白化或風化嚴重處。證明這都是玉石風化溶蝕變化過程所形成。

本節重點回顧:

一、玉石風化形成白化過程,產生許多礦物次生生長現象,有此種次生現象,為百分之百的古玉。

二、玉器礦物次生生長多半微微凸於器表。

三、玉石風化後形成「透閃石晶面暴露」,在燈光照耀下,閃閃發光。

藏品來源：

陳拾璜醫師
1946～1948 年間購於上海
愚園路公寓　仇焱之先生

圖 18

三星堆文化　玉人頭

高 24.6 cm × 寬 20 cm× 厚 11 cm

文物賞析重點提示：

本玉人頭受風化極為嚴重，呈深褐紅色沁、透閃石次生長滿全器，部份透閃
石次生長達 4 公分（目視可見），晶面大量暴露，分析應為風化時間甚長所致。
加以人頭「面貌莊嚴蕭穆、眼睛大睜、深目、雙眼突出、闊唇」之面部表現，
與四川三星堆出土銅面具形制相符，應為少見的三星堆文化玉人頭。

33

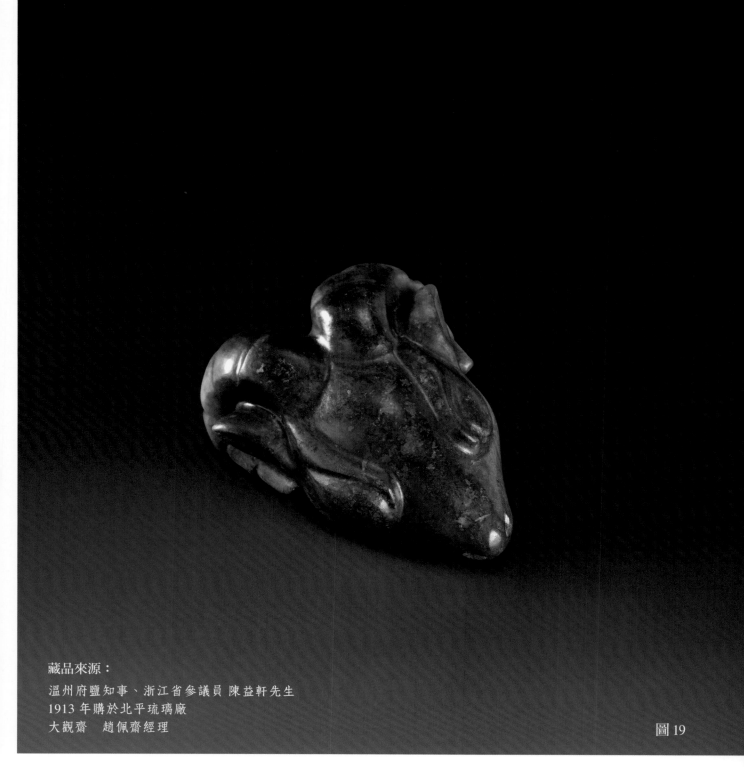

藏品來源：

溫州府鹽知事、浙江省參議員 陳益軒先生
1913 年購於北平琉璃廠
大觀齋　趙佩齋經理

圖 19

紅山文化　羚羊頭玉珮

長 10 cm × 寬 8.2 cm × 厚 3 cm

文物賞析重點提示：

本器羚羊眼部「雙眼突起呈梳狀、前眼角圓而起稜、眼尾細長而上挑」與 1971 年內蒙古翁牛特旗出土之紅山文化 C 形玉龍，眼部之碾法表現雷同。本器玉質極為溫潤，器身受風化呈褐紅沁，透閃石次生遍佈全器（顯微放大透閃石次生呈放射狀）。全器不見刀匠之氣，是難得一見之文化期藝術品。

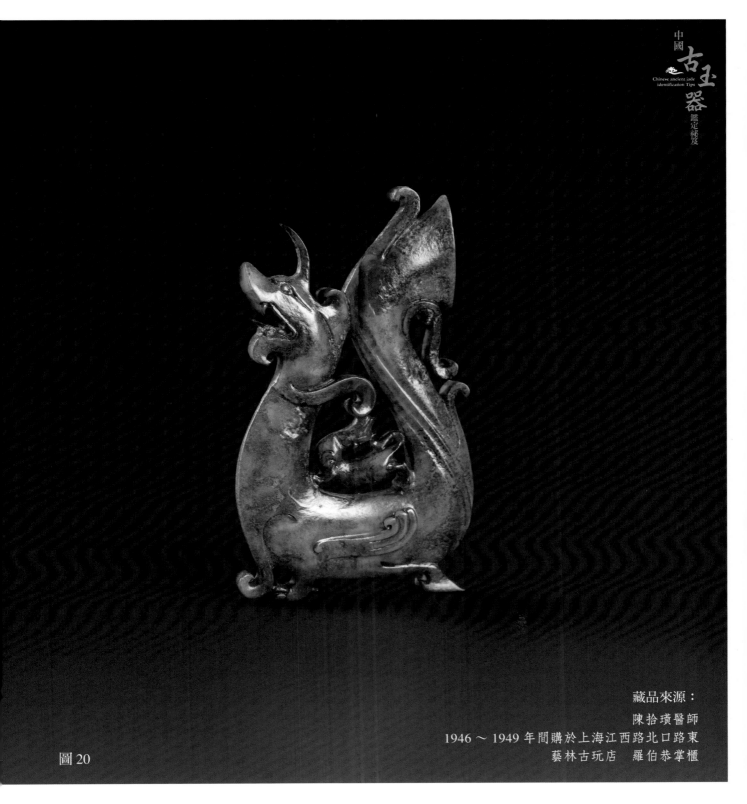

藏品來源：

陳拾璜醫師

1946～1949年間購於上海江西路北口路東

藝林古玩店　羅伯恭掌櫃

圖 20

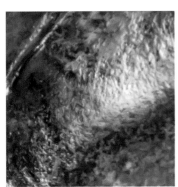

東漢　獨角龍紋白玉珮

高 9.2 cm × 寬 5.5 cm × 厚 0.7 cm

文物賞析重點提示：

漢代龍紋甚少有獨角者，本器龍角向前彎曲，堅而不斷，顯示玉工技藝精湛。全器經風化受鐵銹沁，呈褐紅色，顯微放大下次生生長明顯。玉質極為油潤，應為和闐籽料白玉所製。本器雖似佩飾，惟卻能平穩站立，亦可為小擺件，令人珍愛。

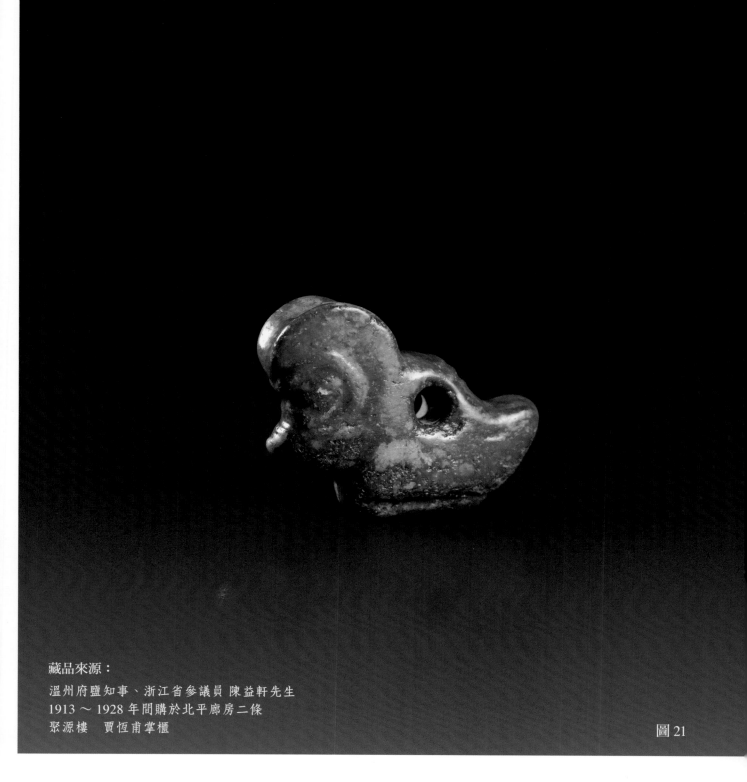

圖 21

紅山文化　豬首蟲身玉佩飾

高 4 cm × 長 5 cm × 厚 1.8 cm

文物賞析重點提示：

本器豬首虫身，受風化溶蝕，器身除晶面暴露，在顯微放大
下，透閃石次生生長極為明顯。器身受沁呈老土大紅（偏紅
沁），此沁色玉器界視為古玉之異寶也，難得一見。

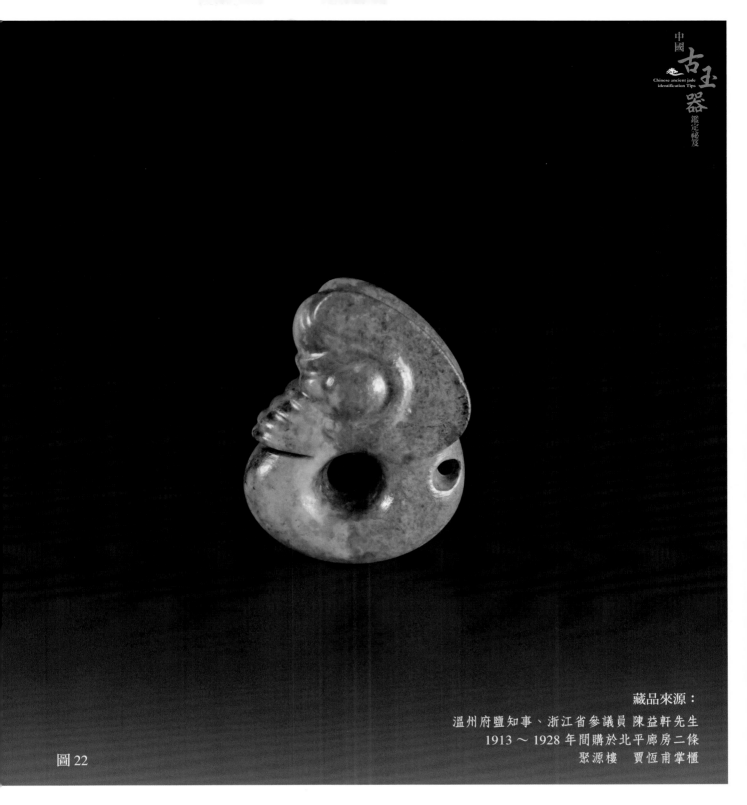

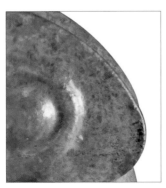

藏品來源：

溫州府鹽知事、浙江省參議員 陳益軒先生
1913～1928 年間購於北平廊房二條
聚源樓　賈恆甫掌櫃

圖 22

紅山文化　玉豬龍

高 5.6 cm × 寬 4 cm × 厚 1.6 cm

文物賞析重點提示：

本器經風化，部份器物呈白化後之黃土沁，右上部顯微放大可
見礦物次生生長突出器表、左下角鼻部顯微放大可見擴散暈沁
色，風化之各種現象均極為明顯，為紅山文化標準玉豬龍佩飾。

圖 23

漢　鏤雕龍飛鳳舞玉珮

長 10.5 cm × 高 6.6 cm × 厚 0.4 cm

文物賞析重點提示：

本器玉工以鏤雕方式，呈現從未見過之龍鳳紋飾，但見巨龍口吐雲
霧，與二小龍戲遊於雲霧中，全器受風化呈白化現象，部份為褐色
沁。顯微放大下膠結狀晶體蛀孔清晰可見，為藝術性極高之漢代皇
室玉器。

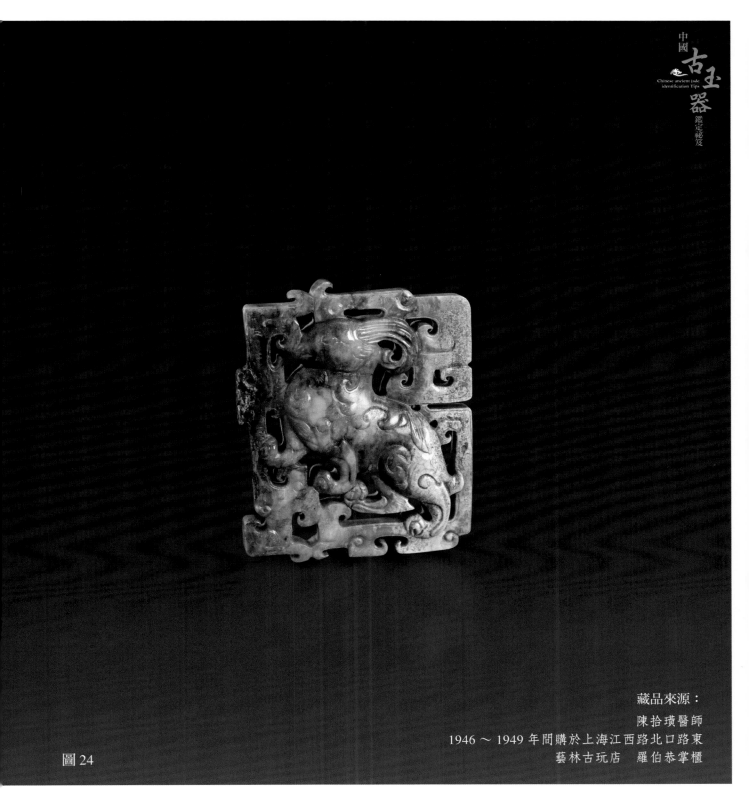

圖 24

漢　鏤雕羊紋玉牌

高 7.2 cm × 寬 6.4 cm × 厚 0.5 cm

文物賞析重點提示：

本器以鏤雕、圓雕方式，呈現玉牌羊紋之表現實屬罕見。器身右半部經風化，顯微放大下白化處透閃石次生生長明顯。左半部風化溶蝕嚴重，膠結物晶體之蛀孔清晰可見，為漢代罕見之鏤空、圓雕羊紋玉牌。

2-3　擴散暈

「擴散暈」是玉石風化過程中，所造成古玉之沁色之一。這種古玉風化所造成之沁色，在古玉外觀上，其沁色多半由中心向四周依序擴散，所沁成之顏色可以有一種或不同深淺、或多種顏色所造成之暈圈。這種玉石風化所造成之暈圈，如有三種以上沁色呈現在古玉上，地質學家們亦確認是無法以人工仿製而成。

人工染色的仿古玉顏色與水彩在調色盤中調和顏色理論相似，例如以黑色與紅色調入，全件染色即混合為一色之黑紅色、紅色與紫色成紅紫色，而非以黑、紅或紅、紫方式呈現。同時，由於人工染色所造成之仿古玉，其染入時間甚短，染料多半浮於玉石表面，與經千年風化所造成之擴散暈所呈現有立體與層次感沁色（此在顯微放大時更明顯），是完全不同的。因此人工之染色仿古玉，除呈一色或混一色之人工染色特徵外，仿古玉在強燈下多半呈透明狀；而經長時間風化所造成之古玉擴散暈等沁色，其沁色部位在強光下多半呈不透光狀。這也是仿古染色玉與古玉自然風化擴散暈在分辨時之重點。

本節重點回顧：

一、玉石風化過程，形成一種沁色由中心向四週依序擴散，或沁色以一種不同深淺或多種顏色之暈圈，此為地質學家所稱古玉風化後之有層次感的「擴散暈」沁色。

二、三種以上沁色呈現交錯在玉器上，確定為古玉。

三、人工染色多混為一色，呈半透明狀，無層次感。

圖 25

藏品來源：

陳拾璜醫師

1946～1949 年間購於上海江西路北口路東

藝林古玩店　羅伯恭掌櫃

商　五彩沁玉蟬擺件

長 14.5 cm × 寬 9.9 cm× 厚 4 cm

文物賞析重點提示：

本玉蟬，係採雙鈎碾法碾製而成。器身呈五彩沁（風化後之擴散暈）、顯微放大下膠結物晶體蛀孔遍佈全器。蟬身巨大，為罕見之商玉蟬擺件。

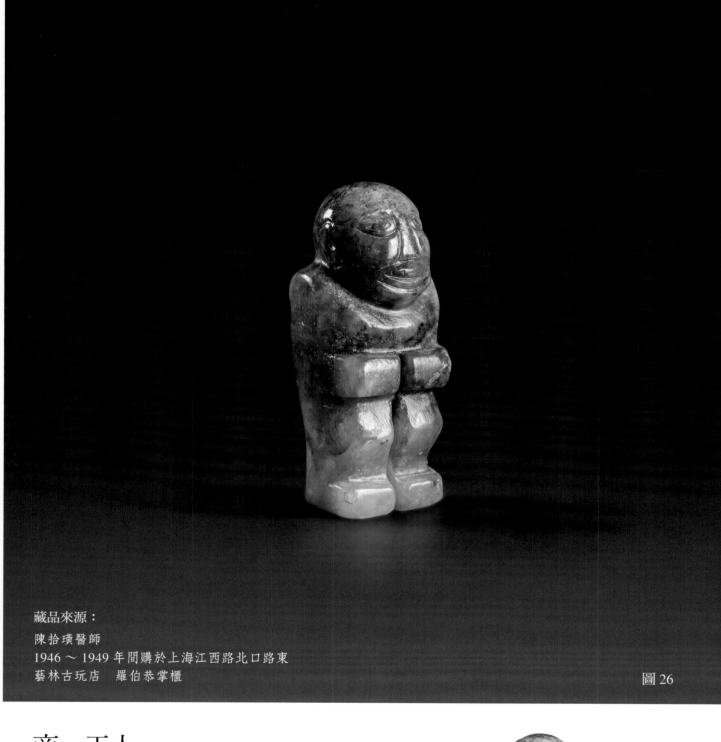

圖 26

商　玉人

高 5.7 cm × 寬 2.7 cm × 厚 2.3 cm

文物賞析重點提示：

本器經風化已呈多彩沁，包漿徐徐，玉人碾工簡捷，但卻能充份
顯示玉人態度之謙恭。頭部顯微放大下呈多彩沁，背面頸部有象
鼻穿孔，可佩戴之用。

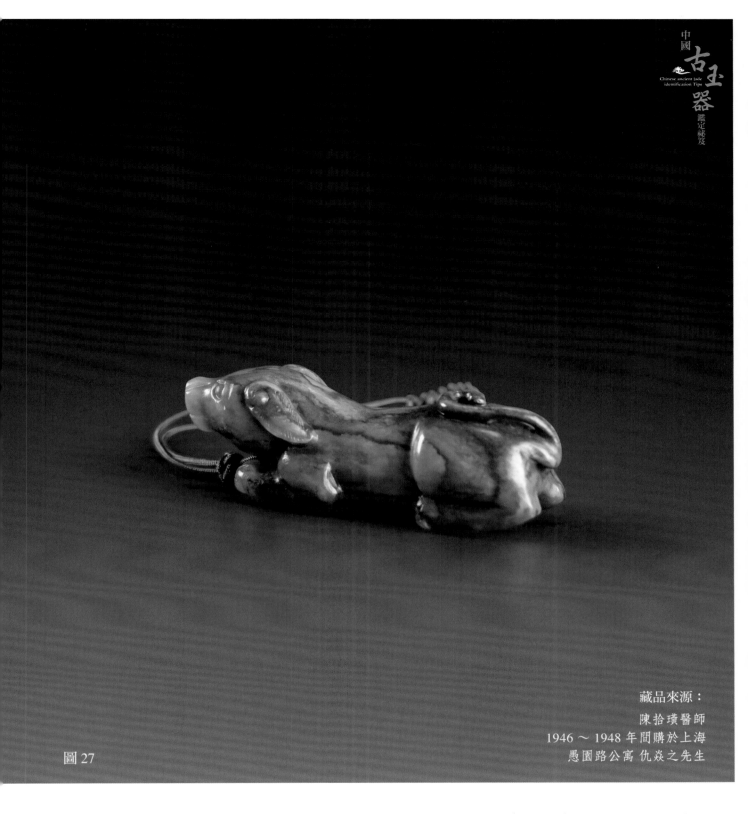

圖 27

漢　多彩沁白玉狗小擺件

長 7.7 cm × 高 2.7 cm × 寬 2 cm

文物賞析重點提示：

「清秘藏論玉」云：「三代秦漢人製玉，古雅不煩，無意肖
形，而物趣自具」。本玉器係以和闐籽料白玉碾琢而成，經
風化沁成多彩沁（擴散暈）。與圖 42 之「宋 代代享祿」、
圖 43 之「清 羊鶴同春」二玉件相較，本玉器明顯古意盎然。

2-4　元素改變

　　軟玉中之青玉、帶青之黃玉，礦石中含有較豐富之二價鐵元素存在，這種二價鐵在風化中，常易由二價鐵轉換成三價鐵，形成玉石表面由青轉變成顯性鐵之鐵紅色或褐紅色。這種古玉因風化所造成之玉石內元素之變化，所呈現之古玉沁色，是礦物元素之質變。在三價鐵不可能再回復為二價鐵之狀況下，其沁色即令受到佩戴者汗水侵蝕仍不會褪色。

　　元素改變所造成之鐵紅色或鐵褐色古玉，在強光下呈透明或半透明狀。除此之外古玉之表面或多或少仍有其他古玉風化之各種現象存在，再加以皮殼之老化，及古玉元素質變形成古玉包漿更加油潤，這都不是仿古人工染色玉所能仿製的，所以只要針對上述要點仔細觀察，真、偽並不難分辨。

　　中國古玉收藏者，自明、清以來喜歡盤玉，因為盤玉過程中會將一些附著在古玉表面土銹（黏土、矽質或其他外來物所包圍之外物），逐漸清除乾淨，讓古玉沁色更顯明亮。部份古玉在盤玩後，由於盤玉者身上之體油，經長時間慢慢進入古玉風化後所造成之微細裂縫，使古玉裂縫中之氧化鐵（已因氧化由二價鐵改變為三價鐵）所形成褐紅色之沁色更為明亮。此種體油造成古玉之沁色色彩更為亮麗之邏輯，與寶石界採浸泡油方式來加深祖母綠等寶石之色彩其原理是雷同的（詳參本書「圖 28」漢　褐紅沁龍飛鳳舞白玉佩飾、「古玉浮沉記」書中之「圖 3」至「圖 7」唐　五大天神擺件）。

　　西方人喜歡保持古文物出土之原貌，不輕易去改變其出土時之外貌，對中國古玉之收藏亦復如此。然中國明、清古玉之收藏者，卻不作此想法。他們喜歡將收藏之古玉加以盤玩，以觀察盤玩中古玉土銹不斷淨化後之沁色變化，最後當古玉顯露寶光，則更顯珍貴。台北故宮中清代乾隆帝所收藏之古玉，故宮老人那志良老師就曾在其民國七十一年所出版之「古玉論文集」中談到：「故宮博物院的舊玉，也是同樣的情形，身上的土銹被去掉了，顯出了光澤的色彩，有的不知道這是明清時代的風尚，用現代的眼光看故宮舊玉，誤以為故宮無舊玉，這是不對的」。

　　筆者認為西方人收藏古物，喜歡保持其出土之原貌，無非一在強調古文物之「古」，二在做為辨別「古玉器」真、偽之依據。當人們到台北故宮參觀古銅器，其器表是一片烏黑，與國外博物館陳列中國銅器一片碧綠，完全不同。那是因明、清臣民進貢古銅器予皇帝時，已將古銅器一層綠繡給去掉了。

　　西方人在收藏古玉時，也同樣的希望保持古玉出土時之土銹。過去，部份中國收藏家在事事總以西方人是「對」的觀念影響下，許多人也喜歡收藏帶有土銹之古玉。認為帶土銹才能證明所藏之古玉是「真」古玉。中國人盤玉之歷史，早在清代陳性「玉紀」乙書中已多有記敘。當時人們係以「意盤」或採用毛刷之「盤功」方式來清除出土古玉之表面土銹。筆者家族近百年來採古人「盤功」方式盤玉，證明並不會將古玉器表面之各種風化次生生長現象拋除，反而更加明顯。所以，「盤功」後之古玉並不會影響該玉器真、偽之鑑定，愛玉者無需擔心。

　　古玉經盤玩後，寶光四射，呈現出古玉斑斕沁色的外表，更顯古玉之高貴。筆者認為，經盤玩後之古玉，價格應在西方「生坑」古玉器之數倍，因為此時之古玉寶光四射才真正是名符其實的「寶玉」，您說是嗎。

本節重點回顧：

一、軟玉礦石中之二價鐵，在風化過程中轉換為顯性之三價鐵，形成玉石成鐵紅色或褐紅色之沁色。

二、元素改變所形成之沁色，古玉色澤特別亮麗、油潤，寶光四射。

三、盤玉過程，盤玉者體油易造成古玉裂縫中之氧化鐵，形成更亮麗之褐紅色沁色。

圖 28

漢　褐紅沁龍飛鳳舞白玉佩飾

高 8 cm × 長 12 cm × 厚 1 cm

文物賞析重點提示：

本器為和闐籽料白玉精碾而成，玉工碾工精湛尤以絢紋（繩紋）部，
工法犀利，顯微放大下，透閃石次生生長清楚。本器藝術造型極高，
呈褐紅色沁（為玉內之二價鐵元素經風化轉換成三價鐵所致），玉質
油潤，寶光四色，為盛漢難得一見之皇家佩飾。

2-5 其他古玉沁色

古玉在風化過程中,造成溶蝕不一之風化現象,部份之風化溶蝕,使古玉表面造成形狀不一的蝕斑、蛀孔,或條紋微細帶狀之裂縫。此種風化後之點斑狀蝕斑,微細裂縫,經外界地理環境中鐵銹黃及其他環境所產生之色彩進入後,形成古玉界所稱:「釘金沁」、「牛毛紋」等沁色。

由於此種古玉沁色,都呈現在遭受風化後所形成之溶蝕蝕斑或細微裂縫中,因此,在放大鏡下觀察,其沁色處多半微微凹陷於古玉表面,且在燈光下呈現出獨特之沁色。如「釘金沁」其沁色就會散發出如釘、金般閃閃發亮金屬光彩,十分奇特。部份古玉風化後所造成之嚴重溶蝕之蛀孔,在放大鏡下可看到蛀孔內呈現如鐘乳石岩洞中之膠結物結晶體,甚至有部份蛀孔之外沿周邊還呈現溶蝕後半透明狀的白圈,有如此明顯透明白圈之風化溶蝕蛀孔現象,地質學家確認是無法以人工仿製,自然應是古玉。

「牛毛紋」之沁色形成邏輯與「釘金沁」大同小異,因此,標準之「牛毛紋」沁,在放大鏡下,可見一絲絲的沁紋處,微微凹陷玉表,此種風化造成之沁紋,自非人工所能仿製(詳參本書「圖58」東漢 牛毛紋白玉辟邪獸)。

明代謝堃在其「金玉瑣碎論玉」乙文中,對一件出土黑色沁之「玉達摩」小像,有這麼一段敘述:「近所見蒼白玉質,而受水銀浸者,刻達摩小像,雕琢渾樸,意無與比。嫉之者曰,非水銀浸,乃姑蘇所謂燒黑提紅者也,烏乎!此盲語也,夫燒黑者,灑其色而鍛之也,由外而內,其色黯澹,一灰而惡態見矣。水銀浸者,由內而外,其色純懦,一灰而光豔見矣」。

明、清以來,古玩業者均認為古玉沁黑,仍大墓中水銀所致。對玉器受沁成黑墨色者,則以「黑漆古」稱之;因此呈黑墨色「黑漆古」之古玉,明、清時認為是十分名貴之古玉。

經地質學家以EDS分析五件「黑漆古」古玉,發現沁黑之部份,並無汞之成份。但沁黑部份卻較未沁黑部份之玉質,多了約1%之鐵成份。地質學家在地球化學探勘中,發現許多金屬可以有機物方式,存在於土壤或河川之沉積物中,這種黑色有

機物，並多呈現在表層的溶濾層。因此，「黑漆古」之黑色沁，一如其他沁色一般是在玉石風化溶蝕過程中，大量含鐵有機物滲入玉質表面，形成如黑墨般之沁色。

明代謝堃文中亦提到，明代姑蘇地方，有仿古玉者，以「燒黑提紅」方式來仿製「黑漆古」。文中也說明，真、偽「黑漆古」之分辨重點，偽者「由外而內，其色黯澹」，真者「由內而外，其色純懦」。因為，偽者係以火燒所致，玉石乾枯，失去玉之光澤，這與近代以火烤、強酸所仿製之古玉分辨方法大致相同。足見古人早有分辨真、偽古玉之方法。而「黑漆古」真者，即令黑如墨色，其外表仍呈玉之光澤。

近年來，台灣地區電視圈流行「寶物鑑定」之節目，許多觀眾常將家中珠寶甚至先人收藏之古物，帶至電視螢幕上，由鑑定師加以鑑定所收藏之珠寶、及各種古文物（包含古玉）。許多朋友就曾問筆者，看那些鑑定師似乎樣樣都懂，甚至有些珠寶鑑定師，還以鑑定翡翠方式，來鑑定中國和闐玉器，這樣的鑑定正確嗎？

筆者必須說，這種以鑑定翡翠珠寶的邏輯方式，來鑑定中國和闐玉器（或閃玉），甚至是古玉器，基本上是不恰當的。

我們必須瞭解，中國早在宋代時，我們的老祖先就有以「老提油」等各種不同人工染製方式來偽製玉器之沁色。在那志良老師「古玉論文集」中亦提到清乾隆時，宮中有一種「烤皮子」的仿製古玉，那老師在「喜歡仿古與加工」乙文中，他寫到：「宮中有一種『烤皮子』玉，製作的動機，並不是偽製古玉，而製作方法，卻採用了偽製古玉的『提油法』。偽製古玉的人。本來有辦法可以把新玉烤薰，使它變成舊玉的顏色，叫做「提油」，有老提油與新提油之分，烤皮子便是利用這個方法，把玉的表皮烤成赭黃色，所以叫「烤皮子」。例如一塊近乎橢圓的白玉料，把它琢成一個卵形，截去一端，像用刀切去一塊尖端那樣平直，然後把這刀切的一面，用膠土之類的東西把它蓋起，拿去薰烤。等外皮完全烤成赭黃色之後，再把膠土去掉，這刀切的一面仍然是白的，看起來像一個薰雞蛋或薰鴨蛋，用刀切去一端露出潤澤的蛋白一樣。做烤皮子的人尤喜歡做桃子，只把桃嘴一端，烤成赭黃色，好似初熟的鮮桃一般。這種烤皮子。事實上等於染色，懂得玉器的人，一看便知」。

　　歷史文件資料顯示中國之玉器自宋代以來即有染色之仿製玉器出現，因此，如單以鑑定珠寶方式，認為待鑑定之玉器有經人工染製或燒烤仿製之現象；即逕以鑑定翡翠方式，給予現代仿染品加以鑑價。而未考慮中國古玉本就有仿製、染制之長遠歷史，再加以中國古玉獨有因長年風化所造成玉石元素質變，及各種外來物質滲入所造成之玉石表面風化變化等種種因素。則極有可能將一件清乾隆宮中採「烤皮子」方式之宮廷玉器或宋代以「老提油」方式染色之古玉，草率以現代染色和闐玉論斷，那可就「失之千里」、「走寶了！」。

本節重點回顧：

一、釘金沁，牛毛紋均為古玉風化後所形成之斑狀蝕斑、細微裂縫，再受外在環境色彩進入形成。其沁色處均微微凹陷於玉表。

二、古玉風化後所形成之「蛀孔」，內呈膠結狀結晶體，如蛀孔周邊又呈現半透明狀之白圈現象者，為百分之百的古玉。

三、標準釘金沁會發出如釘、金般金屬光彩，十分珍貴。

四、「黑漆古」非受水銀所沁，而係含鐵有機物滲入所致。

五、烤皮子、老提油均清代以前，仿古者所採用之染玉方法，惟這種玉器仍為古玉，不可「走寶」了。

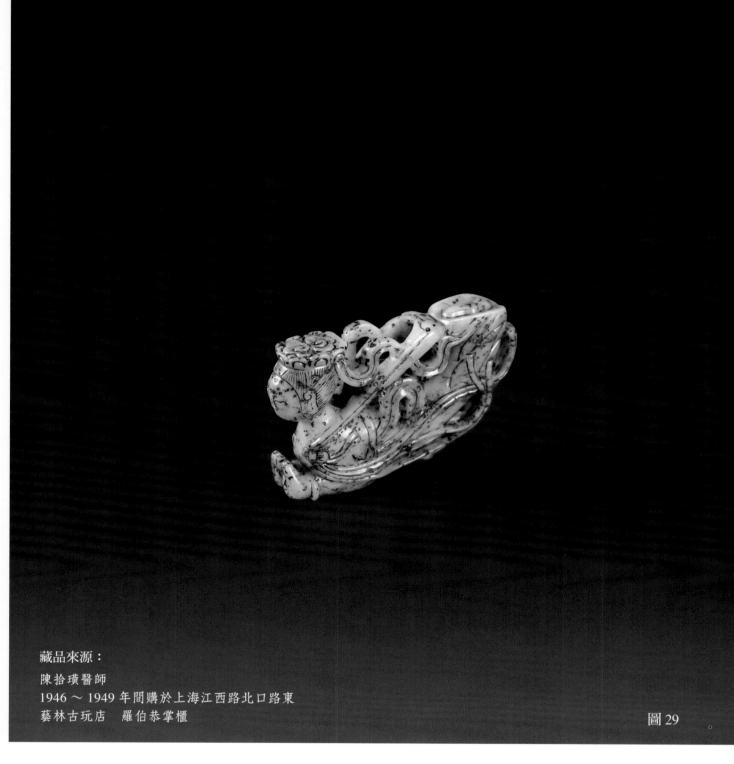

圖 29

宋　釘金沁白玉飛天

高 4 cm × 長 6 cm × 厚 1.5 cm

文物賞析重點提示：

本器受風化溶蝕，點斑狀蝕斑已深入玉器表面，再經鐵銹沁，產生如釘、
金般金屬沁光，令人稱奇。為俗稱之「釘金沁」標準玉器。彌足珍貴。

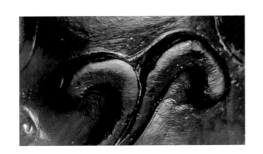

藏品來源：

溫州府鹽知事、浙江省參議員 陳益軒先生
1913 年購於北平琉璃廠
大觀齋　趙佩齋經理

圖 30

漢　水銀沁螭紋白玉扁勒

高 5.6 cm × 寬 3.5 cm × 厚 1.4 cm

文物賞析重點提示：

明 謝堃「金玉瑣碎論玉」云：「水銀浸者，由內而外，其色純懦，一灰而光豔見矣」。本器以和闐籽料白玉碾琢而成，右上部係風化過程經金屬有機物沁入，呈黑色厚重沁色，顯微放大下，沁色部份點呈土灰色，為黑漆古古玉重要分辨處，極為珍貴。

圖 31

漢　水銀沁五福臨門白玉勒乙對

高 7.3 cm × 圓徑 2.3 cm×│高 7.8 cm × 圓徑 2.8 cm

文物賞析重點提示：

本器係以和闐籽料羊脂白玉碾琢而成，勒上各碾有五隻蝙蝠，
意喻「五福臨門」。其中一勒受黑色沁較深，兩勒包漿溫潤，
為漢代少見之成雙成對白玉勒。

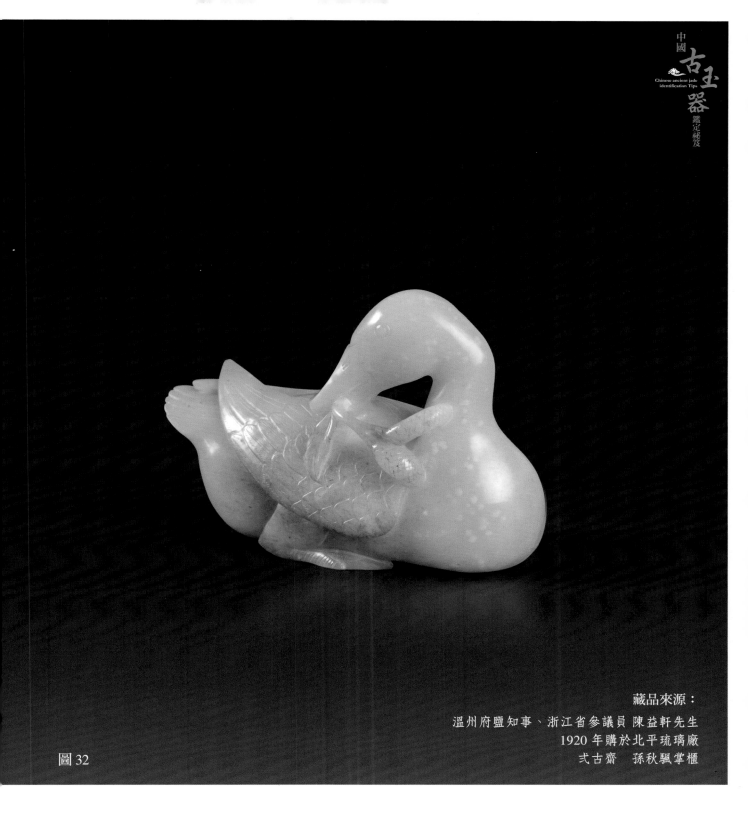

中國
古玉
器
Chinese ancient jade
identification Tips
鑑定祕笈

藏品來源：

溫州府鹽知事、浙江省參議員 陳益軒先生
1920 年購於北平琉璃廠
弍古齋　孫秋颷掌櫃

圖 32

清　烤皮子白玉鴨

長 17 cm × 高 11 cm × 寬 7.5 cm

文物賞析重點提示：

那志良老師在「玉的雕琢」乙文中寫道：「烤皮子據說這個方法是用麒麟
竭液塗在玉上，用火煨它，使成為近乎紅黃色的表皮，所以叫烤皮子」。
又稱：「做這種玉器目的，不是作偽，而是喜歡這種顏色」。本玉鴨體形
朔大，白玉中含有糯米狀斑點，為和闐籽料特徵之一，鴨身左翅部份受烤
皮子作色所致，碾工精佳，為清乾隆時代白玉鴨中較大之玉擺件。

2-6 紋溝風化

玉器上之紋飾、解玉砂碾琢後之解玉砂細紋，隨著古玉風化過程中，這些細微之紋溝，在長時間墓穴中水氣凝結，天氣冷熱變化等種種因素下，導致玉石表面產生物理「毛細管」作用，及因「表面張力」作用而造成之積水。在墓穴中的水含酸或鹼性成份條件下，自然促成玉石風化作用。而使細紋溝形成均勻之風化現象。

由於古玉這些細紋溝，所呈現均勻之風化及細微之白化等現象，絕非人工所能仿製。在筆者觀察中，漢前古玉許多紋飾及細紋中均有紋溝風化之現象產生。而這種紋溝呈一致性風化之玉器，是我們鑑定古玉時，重要依據之一。

本節重點回顧：

一、玉器上之紋飾、碾玉後之解玉砂細紋，在長久歲月中，因墓中水氣凝結。經物理「毛細管」及「表面張力」作用，形成均勻之風化現象。

二、這些細紋溝，所呈現之風化及細微白化，非人工所能仿製。

三、漢前古玉，風化後之解玉砂細紋，多半呈模糊狀，惟仍可在放大鏡下看出解玉砂之痕跡。

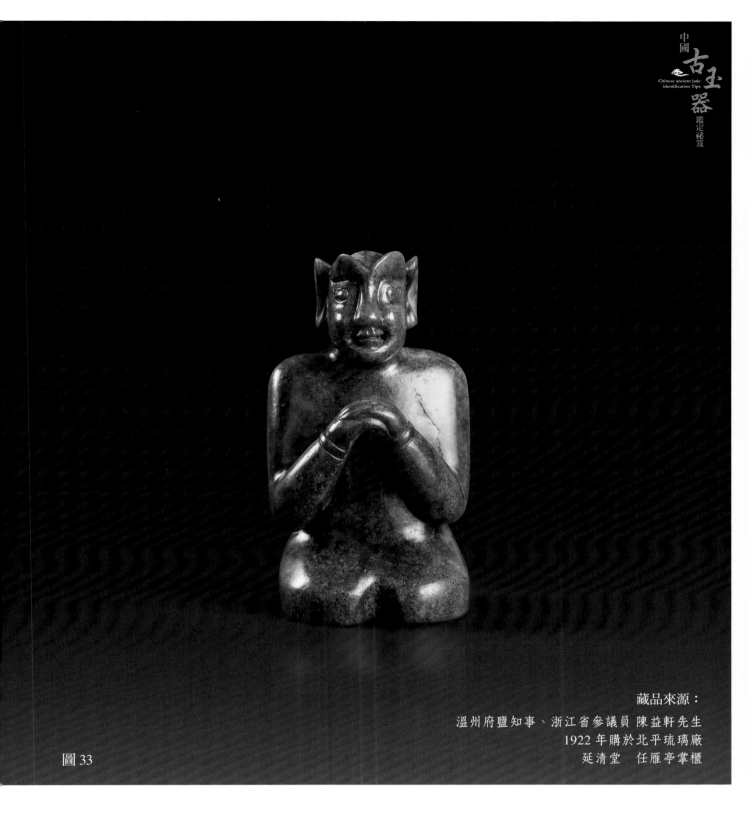

藏品來源：

溫州府鹽知事、浙江省參議員 陳益軒先生
1922 年購於北平琉璃廠
延清堂　任雁亭掌櫃

圖 33

周　玉貴人

高 8 cm × 寬 4.5 cm × 厚 3.5 cm

文物賞析重點提示：

本器係以墨綠色玉碾琢而成，玉人呈跪姿，雙手置胸前呈拱手狀，耳部極大，面部造型凸出，整體碾工雖不繁複，但從其髮絲之碾琢，足見玉工技藝之精。由髮絲顯微放大，其紋溝風化現象中部份可見輕微的白化，此自非人工短時間內所能仿製。為難得之商較大件玉人（俑）。

55

2-7 古玉新雕

古玉新雕,這又是一個古玩業者買賣古董所玩出來的把戲。當一件殘缺不全的出土古玉流到古玩業者手中時,過去古玩業者,常會請玉工將老玉殘缺不全處加工改雕,目的在使玉器看似完整,為求賣個好價錢。在明、清、民初之年代,古玉鑑定都是古玩店老掌櫃說了「算」,何況這塊經改雕之玉器,本身還真是一塊老玉。因此,就這些古玩店老掌櫃而言,他們並不認為是在騙人(這與明、清古玩業者,常請銅工為缺蓋、缺柄式手把的古銅器仿製蓋與柄,接上再高價出售是一樣的)。

今日古玩業者,已瞭解古玉如經改雕,將嚴重影響文物之真實性。同時,如經顧客發現,將使商譽大受影響。因此,即令係古玉殘件,今之業者頂多將分離之古玉加以黏合,或直接當殘件論價,已較少採改雕方式來變造古玉。

瞭解有古玉新雕之事實存在,一個鑑定古玉器之鑑定人,在觀察古玉器時,自不可以古玉有風化各種現象,即下定論。仍應觀察所待鑑定之玉器是否有改雕之變造處(這些改雕處其「皮殼」與周邊未改雕處相較顯現為較新,且「包漿」與旁之未改雕處在放大鏡下亦有明顯差別)。鑑定人只要稍加仔細觀察,並不難發現。

宋前古玉,鮮少有未經風化所形成之「沁色」,即令無沁色,其紋溝風化情形,仍極為明顯。筆者家族所收藏之「漢 白玉乳釘紋劍璏」,全件雪白似未受沁,但如仔細觀察,其紋飾間解玉砂碾玉時所留下之一絲絲痕跡,在經兩千多年之風化下,產生極為清楚之紋溝風化現象。且由玉質已呈現如年糕般之細膩、油潤,顯然此玉器亦有風化後輕微之白化現象。如此潔白如脂之古玉,更彌足珍貴。

古玉器會呈現如此似未受沁之潔白現象,多半與古玉器所埋葬之地底環境有關之外,玉器存放方式也是重點。如近年大陸各大佛寺地宮出土之文物,由於收藏時一層又一層之包裹式之包裝,因此,處於內層之出土文物,大都較少受到外物侵蝕。如有玉質或水晶類之文物,也都較能保持原貌。

鑑定古玉器時,除老玉新雕之問題外,仍不能將此類保存良好之古玉器,視為新玉,否則就走眼了。

古玉器未受風化處,呈現玉石之原貌,古玉界將此稱為「開窗」,這些開窗處,在放大鏡與高倍顯微鏡下,一般均無玉石風化後之次生生長現象。

　　明代高濂「燕閒清賞箋論玉」云：「玉以甘黃為上，羊脂次之」。清代張應文「清秘藏論玉」云：「其有色而質稍薄者，非羊脂也，白玉耳。水料者良，有等大塊劈片玉料，從山石中搥擊取出，原非于闐崑岡西流沙水中天生玉，予謂之山料，低於水料一等矣」。又寫看到一羊脂白玉之持荷玉童子稱：「又見一擎荷孩兒，滿身潔白如截肪」。

　　明、清以來，世人無不視「羊脂白玉」為和闐白玉中最為珍貴之玉種。惟「羊脂白玉」如神龍般見首不見尾，真正之「羊脂白玉」少之又少，見過的人也不多。以致到處有人稱手中之白玉為「羊脂白玉」，但究竟是否真為「羊脂白玉」，坦白說也沒幾個人能說的準，因為不知如何說起。

　　由明代高濂與清代張應文所述，「羊脂白玉」應為和闐水料（俗稱籽料或子兒玉），其外觀要如初宰之羔羊脂肪般，色白、綿密、厚重目視時呈不透明狀，玉質如羊脂般之油潤（非臘光）。具備這種品質者方稱的上是「羊脂白玉」。

　　因此，現在坊間、甚至購物頻道上所販售之所謂「羊脂白玉」，多半是山料上臘拋光之白玉；與不經上臘拋光，即能呈現出如羊脂般油潤之和闐水料，自然全然不同。同時，「羊脂白玉」即使在無任何珠寶燈光照耀下，仍然呈現出玉石之油潤狀（明、清時本就無現在之珠寶燈光，愛玉者當時都是在一般日光下來鑑賞玉石）。具有這些條件色如羊脂般之和闐水料白玉，才算的上是「羊脂白玉」。由此可見「羊脂白玉」可謂萬中無一，能無瑕疵且碾琢成中大擺件者，更如鳳爪麟毛，少之又少，十分珍貴。

本節重點回顧：

一、古玉新雕，其皮殼、油潤狀況，均與未改雕處有顯著差別。

二、宋前古玉甚少有未經風化所形成之「沁色」。

三、古玉器「開窗」處，多半無風化後之次生生長現象。

四、「羊脂白玉」應具備之條件：1.和闐水料。2.色白、綿密、厚重，目視呈不透明狀，如羔羊之截肪。3.不經上臘拋光，即呈現玉之油潤狀。

藏品來源：

陳拾璜醫師
1946～1948 年間購於上海
愚園路公寓　仇焱之先生

圖 34

宋　宋玉紅官服白玉立人

高 5.5 cm × 寬 2.6 cm × 厚 2.8 cm

文物賞析重點提示：

宋代玉器，質地為白玉者，常出現泛紅色之沁色，世人稱之為「宋玉紅」，此應為風化過程中，受鐵鏽沁所致。部份有「宋玉紅」之玉器，風化較嚴重處，多有呈褐黑色現象，可證之。本器玉人戴宋官帽，玉人留髯鬚，器身下部經風化呈偏紅沁，為古玉界所稱之「宋玉紅」，官帽垂肩形成兩小孔，亦可佩戴。

圖 35

藏品來源：

溫州府鹽知事、浙江省參議員 陳益軒先生
1923 年購於北平琉璃廠
延清堂　任雁亭掌櫃

漢　官服玉立人

高 5.5 cm × 寬 1.6 cm × 厚 1.1 cm

文物賞析重點提示：

本器玉人頭戴官帽、身穿官服，面部表情嚴肅，受風化後先白化，
再受鐵鏽沁，呈褐黃沁。其官帽鑽有對穿小孔，似為配戴之物，
器雖小，卻仍可穩穩站立，應為漢皇室珮戴之物。

59

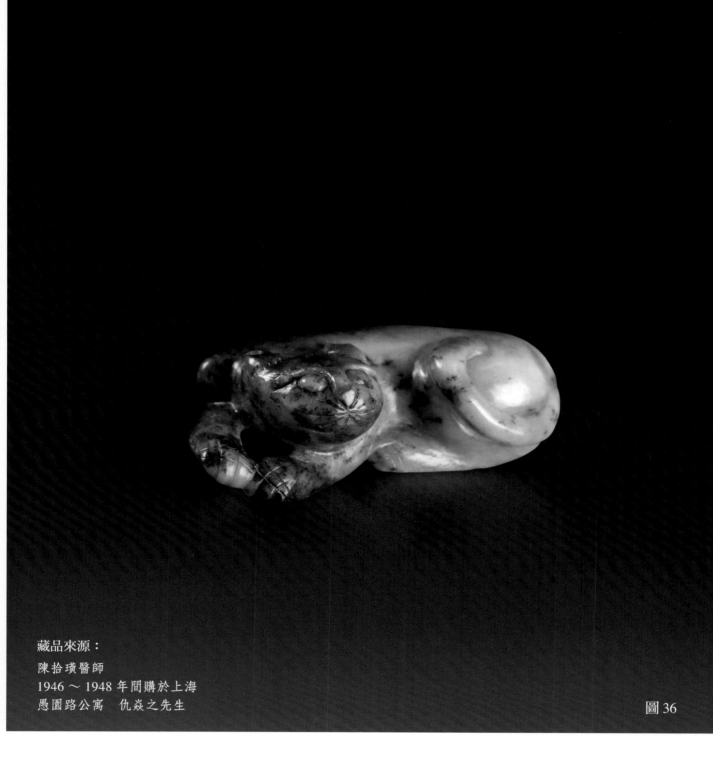

藏品來源：
陳拾璜醫師
1946 ～ 1948 年間購於上海
愚園路公寓　仇焱之先生

圖 36

宋　留皮巧雕玉虎擺件

長 9.5 cm × 高 3 cm × 寬 6 cm

文物賞析重點提示：

那志良老師「玉的雕琢」巧作乙節中寫道：「巧作是利用一塊材料上不同的色澤，運用巧思，琱出各種肖真的器物」。本件即係玉工以「留皮巧雕」方法，利用玉石形狀將部份玉皮去除後巧雕為一玉虎，在玉虎碾琢處，仍可見玉石風化後所造成之黑色沁色，本器極具風味，為難得之宋代巧雕玉器。

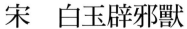

藏品來源：

溫州府鹽知事、浙江省參議員 陳益軒先生
1913 年購於北平琉璃廠
大觀齋古玩舖　趙佩齋經理

圖 37

宋　白玉辟邪獸

長 14 cm × 高 7.2 cm × 厚 5.6 cm

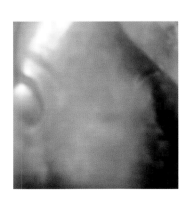

文物賞析重點提示：

唐、宋時期，傑出的唐、宋八大家造就了此時期詩、文鼎盛，文風所及，產生一股
事事仿漢的風氣。本辟邪獸以和闐白玉所製，玉工刻意的突顯辟邪獸之雙翼與下頜
之獸鬚，雖看似英姿煥發，但總缺乏漢前辟邪獸之威猛。為宋仿漢辟邪獸之標準件。
辟邪獸部份獸身受風化，造成閃玉內部之次生變化，為宋代少見之仿漢辟邪獸。

61

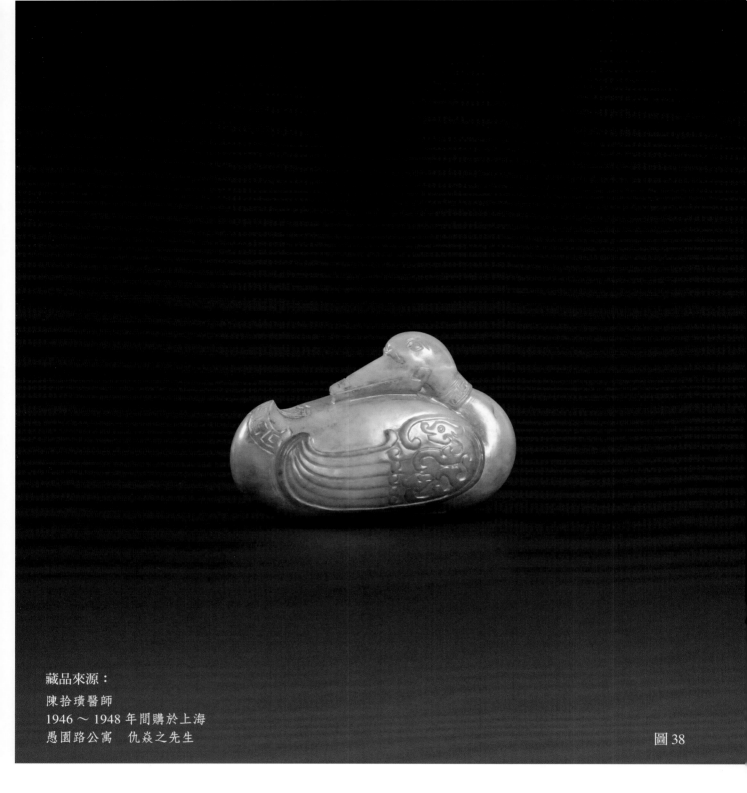

圖 38

宋　龍紋白玉鴨

長 7.2 cm × 高 4.5 cm × 厚 2.5 cm

文物賞析重點提示：

漢前玉器，玉工總喜在器身以龍、鳳為紋飾。宋之玉工亦採此方式，將此龍紋碾飾於鴨翅，惟由玉工龍紋之形式表現，顯然與漢前之龍紋有極大之差異，這也是辨別漢、宋玉器紋飾極為明顯之處。本器玉工碾工犀利，鴨嘴與翅部，旋車（砣具）所形成之斜坡工法極為清楚。器受鐵鏽沁，成極美之褐黃沁。

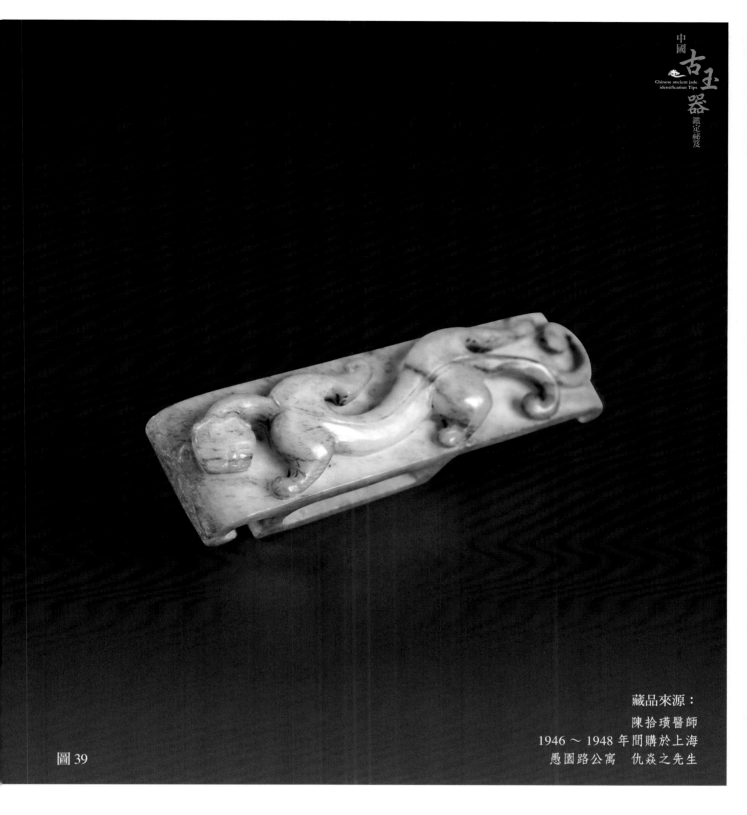

中國
古玉
器
鑑定祕笈

Chinese ancient jade
identification Tips

藏品來源：
陳拾璜醫師
1946～1948 年間購於上海
愚園路公寓　仇焱之先生

圖 39

宋　白玉螭紋劍璏（衛）

長 9.4 cm × 高 2 cm × 寬 2.3 cm

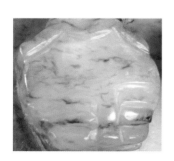

文物賞析重點提示：

這又是一件宋仿漢玉具劍中之螭紋劍璏。玉工極儘仿製之能，惟由螭紋面部及螭
身之軀體扭轉，在在都顯示出與漢代螭紋（詳參「古玉浮沉記」乙書「圖 22」）
有極大之差異，此劍璏可做為分辨漢、宋螭紋劍璏之標準件。器身受風化黑色沁，
惟均於表面，可做為分辨漢、宋古玉器風化因年代之差別所造成之顯著差異。

63

2-8 變形之古玉

在中國歷史上，有關古玉傳奇之事物，本就叢出不窮。清代紀昀在其「閱微草堂筆記論玉」乙文中，敘述痕部都斯坦之琢玉工藝時，即曾寫下：「別有奇藥能軟玉，故細入毫芒，曲折如意。」，紀大學士懷疑痕部都斯坦能有琢玉第一之技術，是有軟玉之奇藥所致。

當然，我們知道這只是清代文明蔽塞，流言所致。軟玉摩式硬度高達 5.0~7.1，即令以今日之科技仍無所謂可軟玉之奇藥。也就是說，截至目前為止科學家仍無發明某種化學藥劑，能將玉由硬變軟。

地質學家曾發現，良渚文化少數之古玉，有變形現象。地質學家就礦物學角度認為，這可能是因良渚古玉時常切成薄片，再加以江浙一帶，濕度與溫度變化，導致這些薄片之良渚古玉變形。這種外表明顯變形之玉器，地質學家認為應可確定為古玉無疑。

筆者外祖父所收藏之漢前古玉珠，常發現有些圓形玉珠中，有部份之玉珠其圓徑中有扁平之現象，形狀猶如遭重物長期重壓後所形成，極為明顯。這應該也是古玉變形之另一種表現形態。

除此，筆者由家族收藏中亦發現部份古玉，其器物受風化溶蝕嚴重之部份，如相較於未受沁之部份，其外表似乎有縮小之變形情形。以家族收藏之「唐 黃玉狗」（本書圖 40）、「漢　白玉辟邪獸」（本書圖 41），受沁風化溶蝕嚴重之前、後腳，與未受沁之另一邊前、後腳比較，即明顯有小一號現象，此自非玉工所為。因此，變形之古玉多半出現在風化嚴重溶蝕處，這應是變形古玉之鑑別處。

古玉業者，常會以「開門」二字，來形容一件待售之玉器。古玉業者之所以要以這樣的字眼來指稱一件玉器。其理由，無非是認為這件古玉器無論從玉質、碾工之工法、形制、紋飾、皮殼或包漿及年代之斷定，都應是眾所認同，意見一致的玉器；換句話說，業者是在告知客戶，這是一件懂玉的人，都會認同這件玉器「年代」之訂定，且「貨真價實」如此而已。

　　筆者多麼希望，今後古玩界、拍賣場上所販售之古玉器，都是具有科學論證之「開門」古玉器，讓投資者、收藏者、愛玉者，都能安心從藝術、歷史、紋飾、形制之精美及玉質之優劣等角度，來投資、購買中國之古玉器。

本節重點回顧：

一、變形古玉多發生在風化嚴重處。

二、變形之古玉可確認為古玉。

藏品來源：

溫州府鹽知事、浙江省參議員 陳益軒先生
1922 年購於北平琉璃廠
銘珍齋　韓敬齋經理

圖 40

唐　金黃沁黃玉狗

高 11.5 cm × 長 12 cm × 厚 5 cm

文物賞析重點提示：

本器係以明 高濂「燕閒清賞箋論玉」乙文中所稱：「甘青
色如新柳」之和闐籽料黃玉精碾而成，玉狗呈坐姿狀，左半
部經風化所呈金黃沁為古玉極為華麗之沁色。部份則呈皮蛋
沁，顯微放大下風化溶蝕嚴重部份透閃石次生生長明顯，器高
11.5cm，為唐代罕見之黃玉圓雕動物。珍貴異常。

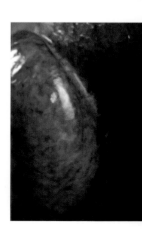

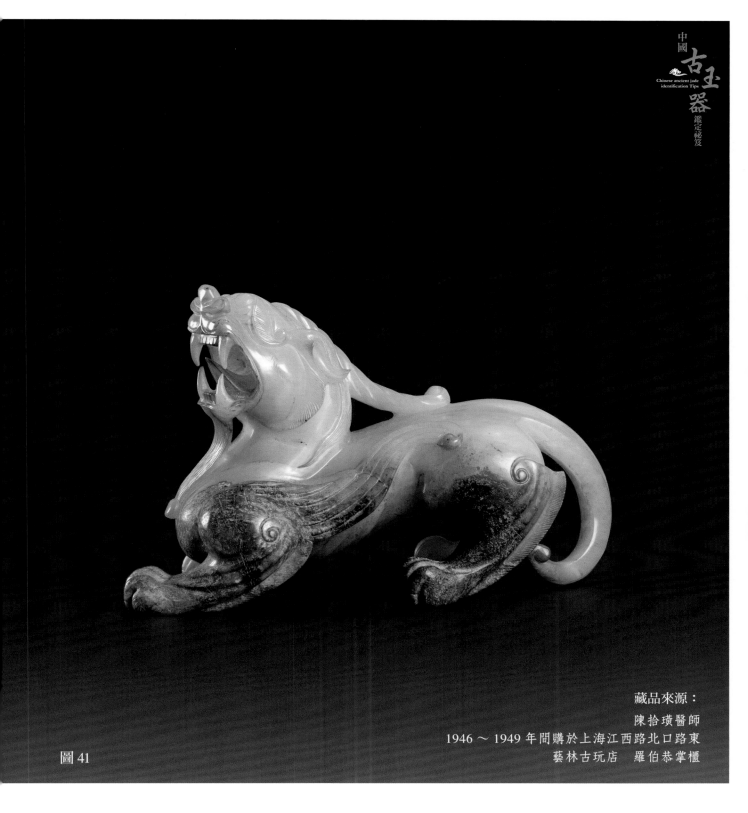

圖 41

藏品來源：

陳拾璜醫師

1946 ～ 1949 年間購於上海江西路北口路東

藝林古玩店　羅伯恭掌櫃

漢　白玉辟邪獸

長 21 cm × 高 13 cm × 寬 9.5 cm

文物賞析重點提示：

本器係以和闐籽料白玉碾琢而成，玉工透過神獸各部位肌肉之表現突顯辟邪獸之威猛。獸身左側受風化溶蝕嚴重，呈深褐黃色。受沁嚴重之左側前後腳，明顯與右側受沁較輕微之前後腳為小，此為玉受沁之變形。本器為漢代珍貴之白玉辟邪獸。

2-9　古玉器之特殊現象

盤玉之人，在以馬鬃刷盤刷古玉器時，或在盤玉之前，先以熱水浸泡古玉器時，常會聞到一股似乎臭臭的，說不出所以然的味道。筆者父母親告知，這就是古玉界行內人常說的古玉「腐屍味」。

明、清時，古董店掌櫃將這種古玉所發出之臭味稱之為「腐屍味」，其原由應該是認為因古玉多半是墓主之陪葬品，在長久時間中吸入了往生者之屍臭味所致。地質學家研究，「氣體」可以「表面吸附」（Absorb）或者存在於玉器結晶構造之內。這種情形就好像一般黏土表面可以吸附汞及其他氣體；或者如「沸石」可將亞摩尼亞以離子交換方式，吸存在其結晶構造中之原理是相同的。

古玉器在長久風化過程中，造成玉石表面溶蝕，形成玉石晶形構造由葉片狀改變為針刺狀及纖維狀，在此造成晶間孔隙度劇烈增加之過程中；墓中像肉類等蛋白質腐爛後之臭味，加上泥土之土味及其他異味，即進入玉器吸存在玉石晶間空隙中。因此，依此邏輯推論，可知埋葬於地底越久之古玉器，其吸附臭味之量應更多；筆者盤玉過程中，也確實有此種經驗。一件商、周之玉器，往往在經過多次盤玉後，如再以熱水浸泡還是可以聞到這種「腐屍味」。

當人們盤玉時，不論是以熱水浸泡，或以馬鬃刷盤刷玉器表面時，都因產生「熱」，而將存在於玉石晶間之亞摩尼亞等臭氣蒸發而出，讓盤玉者聞到了一股「腐屍味」。具有這種臭味之玉器。以往古玉界之行家亦確認是古玉無疑。

少數的高古玉器，由於所埋葬處地理環境惡劣，在長久歲月風化過程中，除形成嚴重的白化現象外尚造成許多蛀孔，而這些微小蛀孔佈滿古玉器全器，且在顯微鏡下顯示這些微小蛀孔已深入古玉內部。地質學家確認這種深入玉裡之微小蛀孔是需要非常長的時間才能造成，所以，有這種現象的玉器應為古玉。

　　由於古玉器歷經嚴重白化及全器佈滿了微小蛀孔，使得古玉之比重已比新鮮閃玉之 2.97 至 3.30 低，根據地質學家實驗中，有一件古玉其比重竟然輕至 2.67。筆者外祖父收藏之一件「良渚文化　神獸紋玉琮」（參考「古玉浮沉記」乙書「圖 25」），即可看到玉琮白化現象中佈滿了微小蛀孔，以手提之，可明確感受到，似乎與玉器大小之體積重量相較為輕，實在值得愛玉者好好觀察。

本節重點回顧：

一、盤玉過程中玉器發出如「腐屍味」之臭味者，應是古玉器無疑。

二、「低比重」之古玉是風化後嚴重之白化現象與眾多之微小蛀孔所造成，地質學家證明是無法仿造之古玉器。

圖 42

宋　代代享祿白玉擺件

長 12.5 cm × 高 8.5 cm × 厚 8.5 cm

文物賞析重點提示：

「清秘藏論玉」云：「若宋人製玉，則刻意模擬，雖能發古玉之巧，而
古雅之氣，已索然矣。」本擺件係以和闐籽料羊脂白玉碾琢而成，工
法極為精巧，母鹿與二仔鹿神態逼真、栩栩如生，本器底部風化嚴重，
呈褐紅色近黑色沁。部份則有「宋玉紅」之沁色。為宋代珍貴宮廷玉器。

圖 43

清　白玉羊鶴同春小擺件

長 8 cm × 高 4.8 cm × 寬 2.6 cm

文物賞析重點提示：

本小擺件，係以和闐籽料白玉碾琢而成，為清中期民間動物圓雕玉器，碾工亦佳，亦有人稱此件為乾隆工。然與圖 42 之「宋 代代享祿」白玉擺件相較，即可清楚分辨宋代宮廷玉器與清代民間玉器，二者工藝精細度之差異。

71

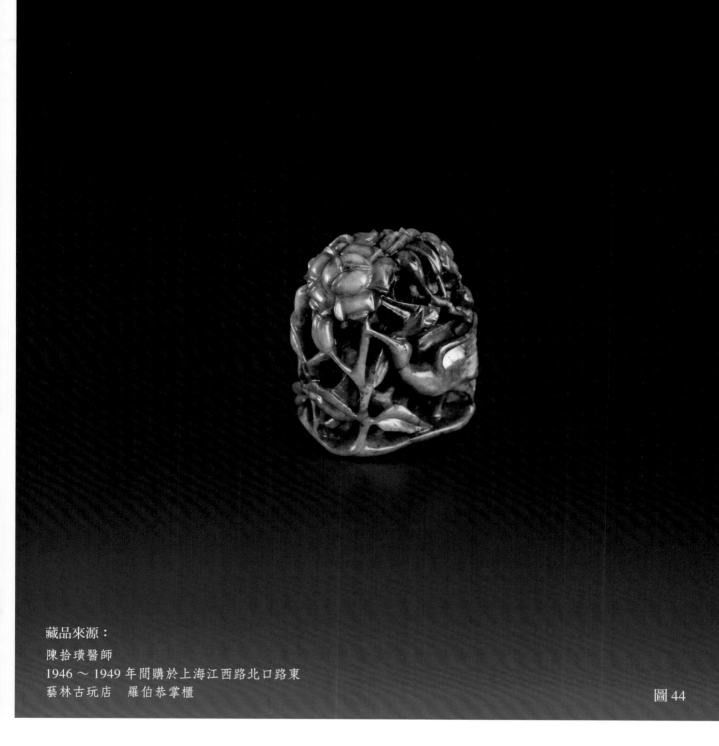

藏品來源：

陳拾璜醫師
1946 ～ 1949 年間購於上海江西路北口路東
藝林古玩店　羅伯恭掌櫃

圖 44

元　春水玉爐頂

高 6 cm × 寬 5.2 cm × 厚 4 cm

文物賞析重點提示：

本器為元代風格極為強烈之玉爐頂，全器以鏤雕方式表現鶴群
春天戲水草之情境，紋飾、風格在玉器史上獨樹一格，耐人尋
味。全器受沁呈多彩沁，頗有可觀之處。

圖 45

藏品來源：

溫州府鹽知事、浙江省參議員 陳益軒先生
1913～1928 年間購於北平廊房二條
聚源樓　賈恆甫掌櫃

春秋　鳥篆紋玉系璧

圓徑 6.1 cm × 厚 1.1 cm

文物賞析重點提示：

鳥篆文是篆書的一種，其筆劃多以鳥形替代，為我國象形文字之一種。
鳥篆文盛行於春秋中後期至戰國時代，流行於吳國、越國、楚國、蔡國
等南方諸國，目前多見於青銅器上之銘文。玉器上以鳥篆文為紋飾者，
世所罕見，本器以鳥篆文為飾，碾工工法精緻，係具有考古意義之不可
多見的玉器。

第三章

古玉器之鑑定與考古

筆者常以汽車之製造與修理來形容中國古玉器之鑑定與考古之區分。我們知道一部汽車必須先經機械工程師精密之設計,方能打造出一部性能良好之汽車。但汽車在使用時發生故障,我們卻必須去找天天在修理廠修車之黑手,而不是去找設計車輛之工程師。這是因為資深的黑手每天都在修車,只要聽汽車引擎一發動,就能知道問題出在哪裡,但汽車工程師卻無此修理經驗。就此而言,工程師與黑手兩者之間並無學問高下之分,只是各有所長。

玉器之鑑定與考古,也是如此。筆者在「古玉浮沉記」乙書中曾提到,在2000年12月13日至14日台北故宮所舉辦「故宮近年購藏玉器賞析與學術研討會」中,中國大陸二位考古學大師孫守道、郭大順,在該學術研討會討論時,即曾說到:「本身為考古學者,如係由土內挖出之文物由他們考證、斷代,基本上沒問題,但如果不是剛從土中挖出之玉器,他們並非玉器鑑定專家,無法鑑定。」

大師就是大師,一語道破古玉器之鑑定與考古,實務上是二件事。事實,早在1993年美國加州大學洛杉磯分校史卓博副教授(亞洲太平洋美術館中國美術部主任),就曾在其「玉 石之美有五德者」乙文中,很清楚分析指出當時古玉界所專研的各項學術論作之分類,他在文中寫道:「近年來因考古工作的進展、藝術史訓練的普及、和公私收藏的擴充,使得中西學者的治學方法越形接近,並能共同致力進求更精確的立論。若欲詳列近年中西治玉名作,篇幅將十分浩大,故以下僅概述學者所採用的幾種不同治學方法。

概略言之,近年中國大陸因官方大力支助,且考古發掘豐富,〔考古〕和〔文物〕兩本期刊上便經常可見學者和考古工作隊發表的田野報告,其內容多偏重文物的實用功能。鄭德坤則在國外發表了不少論古玉、玉雕和紋飾的著作。西方的著作多從藝術史觀出發並結合考古方法,側重斷代和風格演變。漢諾西(Una Pope－Hennessey),沙蒙尼(Alfred Salmony),珍寧斯(Soame Jenyns),韓斯佛(S‧Howard Hansford)、羅越(Max Loebr),羅森(Jessica Rawson),屈志仁(James Watt)等西方學者,和台灣學者那志良的著作都屬於這個系統。

除了學術著作之外,私人收藏家和古董商也陸續有所發表,其中,納特(Stanley Nott)的〔歷代中國玉〕(Cbinese Jade Tbrougbout the Ages,一九三六年出版),和哥特(Jobn Goette)的〔玉說〕(Jade Lore,一九三七年出版)不僅分析古今玉器,也深入探討了紋飾、象徵意義和中國玉書。自畢沙普、勞佛後發表的著作不勝枚舉,足證東西雙方對玉的興趣與日俱增,這將有助於我們對玉更進一層的認識。」(以上均為譯文)。在此文中,藉由史卓博博士之分析,已清楚說

明，這些世界知名的中、外古玉界學者之研究，應屬考古及側重玉雕、紋飾之斷代和風格演變，而非如何以科學方式來鑑定古玉之真偽；換句話說，古玉之考古、紋飾、形制之研究與真偽鑑定，是不可混為一談的。古玉器之鑑定應先由鑑定人員確定古玉器之真、偽後，再由考古學者考證古玉器之歷史年代（文物界稱為「斷代」），如此，方是正確之鑑定程序。

事實，也因為這些考古學者，他們努力不懈的考證，豐富了中國古玉文化，提昇了古玉器之文化內涵。讓古玉器，更為世人所喜愛。但我們仍然必須認清一件事實，那就是這些考古學家並非就是玉器鑑定權威，而僅係是古文物歷史之考證專家，兩者不能混為一談。

珠寶鑑定師，本身具備良好的礦物學鑑定理論與實務，熟知各項礦物科學檢驗儀器之操作、運用，如能再深入瞭解古玉器之各種風化及碾工之特徵，精研玉器紋飾、型制之斷代分辨，鑑別古玉真、偽，應是事半功倍。

二十一世紀今日，科技文明一日千里，如何藉由科學儀器之輔助與地質科學證據，來鑑定古文物，已是人們無法抗拒之浪潮。西方人，喜歡實事求是，能將發明與他人分享。西方珠寶市場能長久健康發展並為人們所信賴，即是其業者不斷發展出精確珠寶鑑定方法，並將之公諸於世。讓愛好者、投資者買的安心。透過這種不斷培育出各種珠寶專業鑑定師，讓珠寶之好壞有所依據的市場機制，造就了今日西方珠寶市場買賣蓬勃發展。

反觀中國古文物之鑑定，筆者深信在明、清長達六百餘年的光陰中，必然有許多收藏家、愛好者尤其是古玩業者，在其一生中發現許多足以鑑別古物之方法，但卻都因中國人「留一手」的惡習及抗拒以科學檢驗或證據方式之輔助來確認文物之真偽。以致讓中國古文物之鑑定，至今仍處在一種似明又暗的環境下，再加以中國古玩業者為買賣總喜歡勾心鬥角，不以事實為依據，動輒批評他家古玩店之古玩，不是太貴就是有問題。熟不知，如此惡性循環的結果，反造成客戶猶豫不決，文物市場無法正常發展。

近年來兩岸三地，中國古文物拍賣因市場需求屢創新高，然高古玉器之市場，卻始終無法如明、清玉器般在古玩市場獲得青睞，究其原因，除拍賣公司之古玉鑑定人員，較不願涉入鑑別高古玉器之領域以避免爭議外，至今高古玉器鑑定尚無一套採科學證據為依據之鑑定方法來確認真、偽古玉，還是主因。

　　本書出版後，高古玉器之真、偽鑑別重點就礦物學角度證據而言已十分清楚。今後如何讓文化藝術價值更高、玉器質地更細膩、包漿更潤、沁色更美之高古玉器，能找到其應有之市場收藏價格，相信是愛玉者引頸所盼。

　　2000年12月13日台北故宮玉器組鄧淑蘋女士，在「故宮近年購藏玉器賞析與研究學術討論會」中，一番「不美的東西往往是真的，美的東西往往不是真的」之古玉評鑑大論後，使一些對古玉器收藏資歷不深的人，真不知到底要收藏「美的古玉器」，還是去找「醜的古玉器」。這件事也經常有人詢問筆者。

　　漢代以前，帝王、貴族無不崇尚厚葬，也因此，在他們繼承帝位、爵位時，即開始進行其陵墓之修建。也因為漢前厚葬禮規所致。一些陪葬用之玉器，在帝王、貴族生前早已由玉工開始製作。然因世事難測，帝王、貴族常因戰亂、疾病突然過世，以致一些待陪葬之玉器在數量不足情況下，玉工只能草率的趕製。在時間緊促下必要時玉工不得不以石塊或地方玉種來加以混充。而所製玉器自然就較為粗糙。

　　就上述之常理推論，一個墓葬中大約可能存有三種精美度不同之玉器。最好的當然就是墓主生前佩戴或宮中擺設之物。次好的是按部就班專為厚葬製作之玉器。最差最醜的就是臨時趕工匆促間完成的玉器。

　　但不論上述玉器碾工、紋飾、形制是否精美或粗糙，嚴格說它們都是古玉器。只不過第一種玉器，因玉好、紋飾、形制優美。自然，其價值也就最高了，讀者們，你們說對嗎！

本節重點回顧：

一、古玉之鑑定與考古，基本上是二個不同領域的專業事務，切勿混為一談。

二、古玉器之真、偽應由具鑑定能力之鑑定人員確認。古玉器之歷史考證、斷代，則由考古學家進行釐定。

三、鑑定古玉應依礦物學角度證據加以論證。主觀無科學證據之鑑定，是外行人之錯誤方法，應加以駁斥。

四、有百分之百礦物風化科學證據之古玉器，等同有一張完整出土記錄。可保證古玉收藏者之未來投資效益。

圖 46

宋　青白玉佛頭

高 18 cm × 厚 11 cm × 寬 10 cm

文物賞析重點提示：

本佛頭係以極佳之和闐籽料青白玉碾琢而成，菩薩法相莊嚴、佛眼半閉，
呈現菩薩俯視眾生之慈悲。部份佛頭受沁呈皮蛋色及斑點狀之白化，訴說
歲月之痕跡。為宋代罕見之玉佛頭。

藏品來源：

陳拾璜醫師
1946～1948 年間購於上海
愚園路公寓　仇焱之先生

圖 47

宋　黃玉回頭馬

長 6.3 cm × 高 4.8 cm× 寬 3.4 cm

文物賞析重點提示：

明 高濂「燕閒清賞箋論玉」中，曾寫看到一件長四寸，甘黃玉馬，神氣
如生。並云：「玉以甘黃為上羊脂次之」。又云：「甘黃如蒸栗色佳，焦
黃為下，甘青色如新柳，近亦無之」。本器即和闐籽料「甘黃如蒸栗」之
黃玉碾琢而成，器身經風化部份有白化現象、皮蛋沁，本器大小與高濂所
見極為相似，令人玩味。

藏品來源：

陳拾璜醫師
1946～1949 年間購於上海江西路北口路東
藝林古玩店 羅伯恭掌櫃

圖 48

戰國　天地人雲紋白玉扁形勒

高 4.2 cm × 扁徑 2.5 cm

文物賞析重點提示：

「清秘藏論玉」云：「古玉人做法，後人俱可得其髣髴，惟臥蠶紋、雙鈎碾法，今人非不為之，其妙處在宛轉流動，細入秋毫，更無疏密不勻，交接斷續，儼若游絲白描，曾無滯迹，終不了到也。」本玉勒紋飾碾法精湛、沁呈金黃色，令人愛不釋手。實為戰國配飾中之精品。

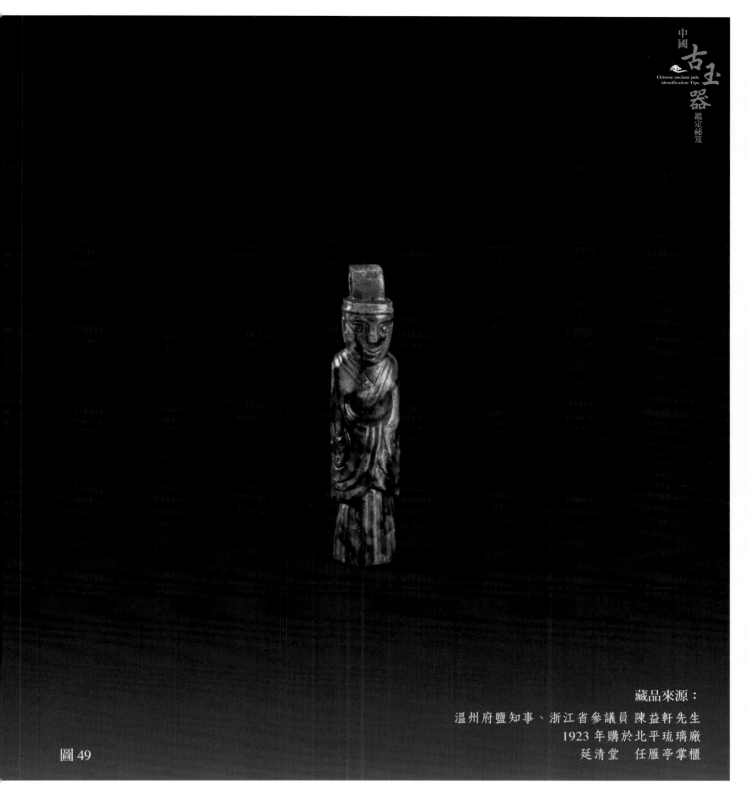

圖 49

藏品來源：

溫州府鹽知事、浙江省參議員　陳益軒先生
1923 年購於北平琉璃廠
延清堂　任雁亭掌櫃

漢　官服玉立人

高 6 cm × 寬 1.6 cm × 厚 1.3 cm

文物賞析重點提示：

本器同圖 35 之宮服小玉人，據延清堂任雁亭掌櫃所稱，係同一漢墓
所出之物，玉器受沁情形先白化再受鐵鏽沁，呈褐黃沁，與圖 35 幾
乎雷同；足見任掌櫃當時所說之語應可信之。由此宮服小玉人亦可
一窺漢代之官家服飾。

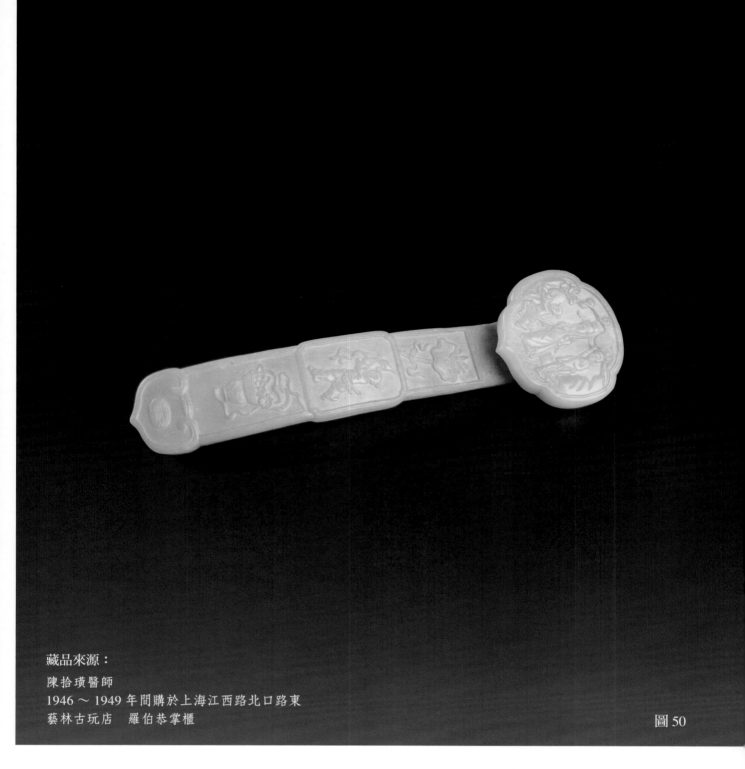

圖 50

明　福祿壽白玉如意

長 13 cm × 寬 7 cm × 厚 7 cm

文物賞析重點提示：

如意盛行於清代，由於清皇宮極喜如意，因此當乾隆皇大壽時，王公大臣無不爭
相尋覓各式如意呈送為賀禮。明代之如意則較為少見，本器上琢明代服飾之女子、
童子與官服老者，象徵福祿壽之意。充分顯示明代如意之風格，十分珍貴。

藏品來源：

陳拾璜醫師

1946～1948 年間購於上海

愚園路公寓　仇焱之先生

圖 51

春秋　鳳紋玉琮

高 5.6 cm × 圓徑 4.5 cm

文物賞析重點提示：

本玉琮四面紋飾均為鳳紋，在漢前玉器中尚屬少見，推測應屬帝王后妃之物。玉器經風化後，受黃土沁，部份器上可見次生生長現象，為難得一見之春秋 鳳紋玉琮。

後 語

我們生存的地球，有中國、印度、埃及、美索不達米亞，四大人類文明祖國。這四大文明幾乎都相繼先後經歷新石器時代、青銅器時代、金屬器時代，而邁入今日之電子數位化高科技時代。

中國在此四大文明中，卻因喜愛、禮制、厚葬，而發展出獨一無二的玉石文化。我們都瞭解，在數千年歷史的洪流中，地球上天災、人禍不斷發生，以致許多世界文化歷史中之瑰寶，也隨之毀滅。能倖存在人世間者，自然成為現在人們所追求之古董與考古學家研究之標的。

中國歷代君王為保障自己往生後陵墓之安危，除在生前盡一切精力營造陵寢，歷朝歷代也都嚴禁盜賊盜挖前朝之陵墓。因此，為後人留下許多可供今日發掘之古墓。

隨著科技文明之發展，古墓發掘後各種文物之保存技術終有一天能研究成功，到時諸如秦始皇等大墓當能順利開挖。許多歷史之謎，相信都能隨著考古逐一解開謎團。

筆者常慶幸，能生在 20 世紀科技文明昌盛的時代。更慶幸家族長輩在上世紀初，封建、民主交替、各種戰亂的時代中，能因喜好及財力所及，收藏了許多彌足珍貴的古玉器。由於有這些家族收藏之古玉器，才能在日日盤玩、反覆學習觀察過程中，領悟許多古玉鑑定之關鍵；並進而與地質學家們就礦物學角度之科學證據相互驗證。順利完成本書之撰寫。

筆者相信，透過本書之說明及玉器上礦物學風化現象實物照片之比對，將使真、偽古玉不再混淆。

許多朋友在得知筆者將以「中國古玉鑑定秘笈」為本書命名時，覺得很不可思議，紛紛向筆者問道，好好一本探討中國古玉器鑑定之工具書，為何要取名為「秘笈」，好奇怪。一般來說，「秘笈」二字好像多半用在武功或食譜之書名命名上，怎麼一本正式的書籍會採用此種書名，真的好奇怪。

筆者笑笑答稱，許多武功之「秘笈」或食譜中不為人知之香料「配方」，說穿了不就是應用人的「心得」而已，一但說破了就簡單了。以本書而言，筆者認為就如前面練武之人所寫之「武功秘笈」、廚師煮菜所出之「食譜大全」一樣，只是將家族研究古玉器鑑定心得及自己之領會與大家分享。筆者不認為這是什麼大學問，也不認為是什麼了不起的事。寫此書之目的無非是希望透過「拋磚」方式，「引」出對古玉鑑定方法更多之「玉」來。如此，則今後中國古玉器必然會成為中國文物市場中重要的投資標的。則本書出版之目的就已經達到了。

2011 年 11 月
作者金天放攝於新繼陽商業大樓辦公室

2014 年 2 月 5 日初稿完成於
台北市文山區景美新繼陽商業大樓辦公室
2014 年 6 月 30 日二稿
2014 年 8 月 20 日三稿校對完稿

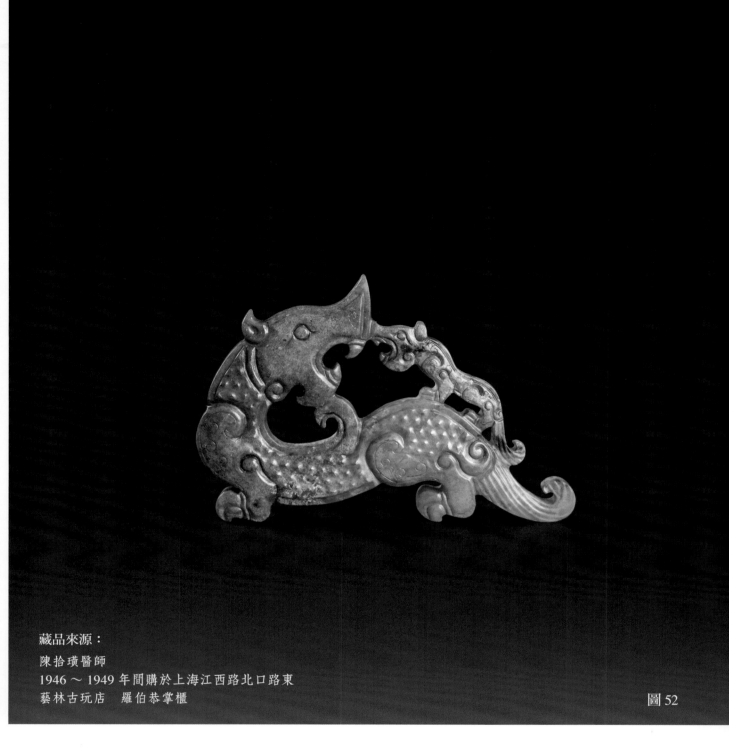

圖 52

漢　老龍教子白玉擺件

長 10.3 cm × 高 4 cm × 厚 1.2 cm

文物賞析重點提示：

本器但見一小龍站立在大龍身上，大龍張大龍嘴，似對小龍諄諄告誡，
後代以「老龍教子」名之。本器風化後大龍之頭部受白化，再受鐵鏽沁，
全器呈鐵鏽色。龍身飾以乳丁紋，似佩件，又可站立，故以擺件名之。

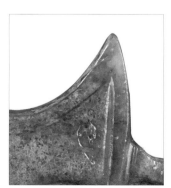

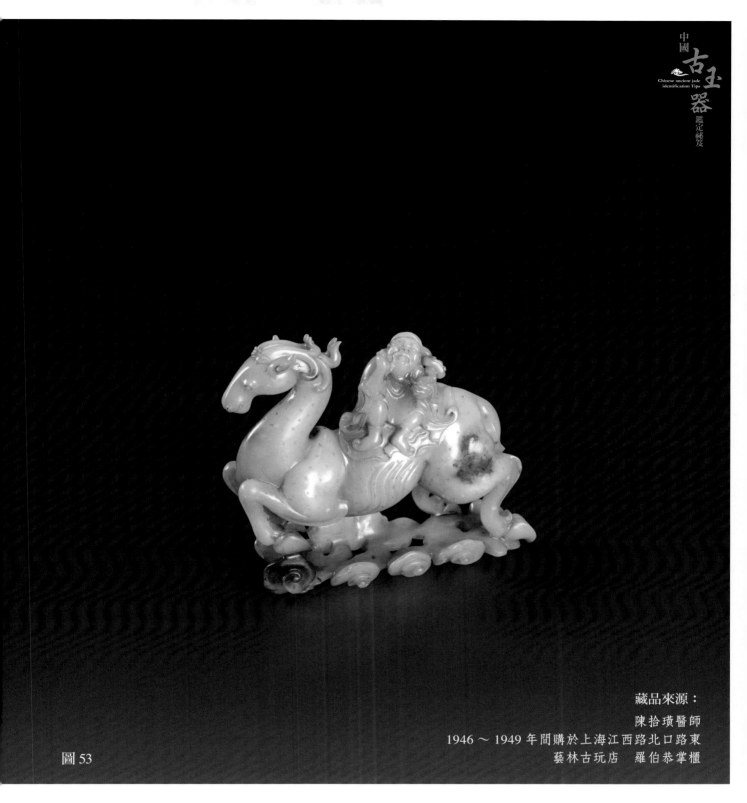

圖 53

藏品來源：
陳拾璜醫師
1946～1949 年間購於上海江西路北口路東
藝林古玩店　羅伯恭掌櫃

唐　仙人騎飛駝白玉擺件

高 11.2 cm × 長 18 cm × 厚 6.5 cm

文物賞析重點提示：

駱駝常見於唐代文物之中，根據史書，盛唐時中西文化透過絲路往來密切。
因此，在當時唐朝首都長安城中，常見胡人騎駱駝不絕於市。本器係以和闐
白玉所製，上碾一胡人老者騎在駱駝雲遊於雲霧之上。為盛唐宮中文物。

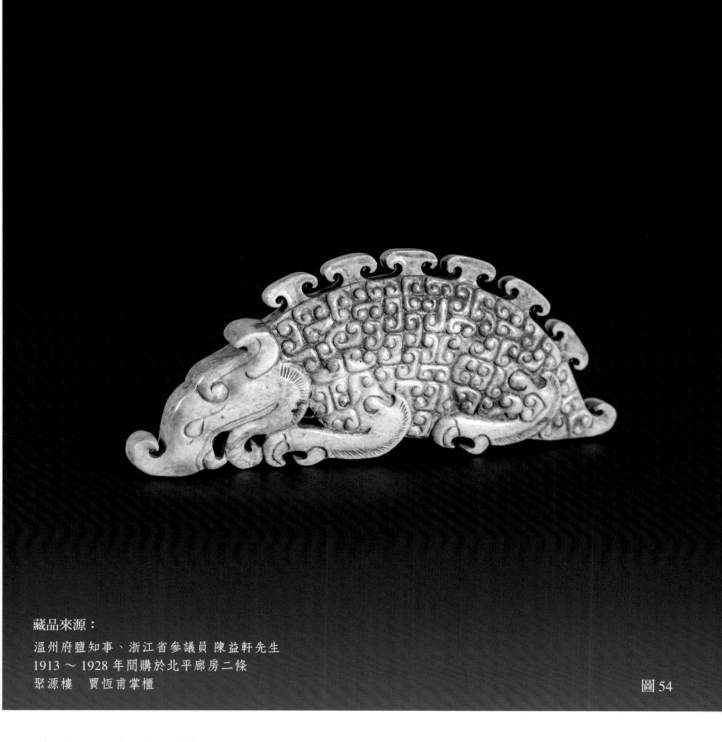

藏品來源：

溫州府鹽知事、浙江省參議員 陳益軒先生
1913 ～ 1928 年間購於北平廊房二條
聚源樓　賈恆甫掌櫃

圖 54

春秋　出脊雲龍紋玉擺件

長 9.3 cm × 高 4 cm × 厚 1.3 cm

文物賞析重點提示：

本器經風化十分嚴重，器表白化現象已呈雞骨白，後受鐵鏽沁，
玉質已無法分辨。此形制之龍形玉珮尚屬罕見，惟由其龍身紋飾、
碾工應屬春秋文物。本器似為珮飾，惟亦可站立，故稱擺件

藏品來源：

溫州府鹽知事、浙江省參議員 陳益軒先生
1913 ～ 1928 年間購於北平廊房二條
聚珍齋　李仲五經理

圖 55

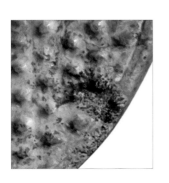

漢　栗紋白玉系璧

圓徑 6.5 cm × 厚 0.4 cm

文物賞析重點提示：

栗紋形似乳丁而小，並不多見。本器玉工以整齊劃一之方式，將栗紋碾具全器，形成極美又簡單的畫面。玉器受風化部份已呈白化現象，開窗處可見玉之本質為白玉。部份白化處上多有黑色次生生長現象，為漢代皇室佩戴之物。

藏品來源：

陳拾璜醫師
1946 ～ 1949 年間購於上海江西路北口路東
藝林古玩店　羅伯恭掌櫃

圖 56

戰國　白玉扁勒

高 6.6 cm × 寬 3.1 cm × 厚 0.7 cm

文物賞析重點提示：

本器係以和闐籽料白玉碾琢而成，全器呈扁平狀，上面以雲紋為飾，
為極為標準之戰國玉器。玉器部份經風化有白化現象，再受鐵鏽沁所
致，呈現亮麗的金黃色，寶光十足。為戰國極佳之貴族佩飾。

藏品來源：

陳拾璜醫師

1946～1949 年間購於上海江西路北口路東

藝林古玩店　羅伯恭掌櫃

圖 57

唐　雞骨白人祖玉牌

高 6 cm × 寬 4.7 cm × 厚 0.8 cm

文物賞析重點提示：

魏 曹植「女媧贊」：「古之國君，造簧作笙，禮物未就，軒轅纂成，或雲二皇，人首蛇形，神話七十，何德之靈」。本器玉牌一面碾有男性人首蛇身，另一面琢有女性人首蛇身。應為人祖伏羲與女媧。器受風化嚴重已呈雞骨白受鐵鏽、黃土沁，部份沁成冰裂紋狀。本玉牌玉工碾玉工法極為犀利，人祖身上絲帶隨雲飄送之斜坡工法，難得一見，為唐代皇室配飾。

91

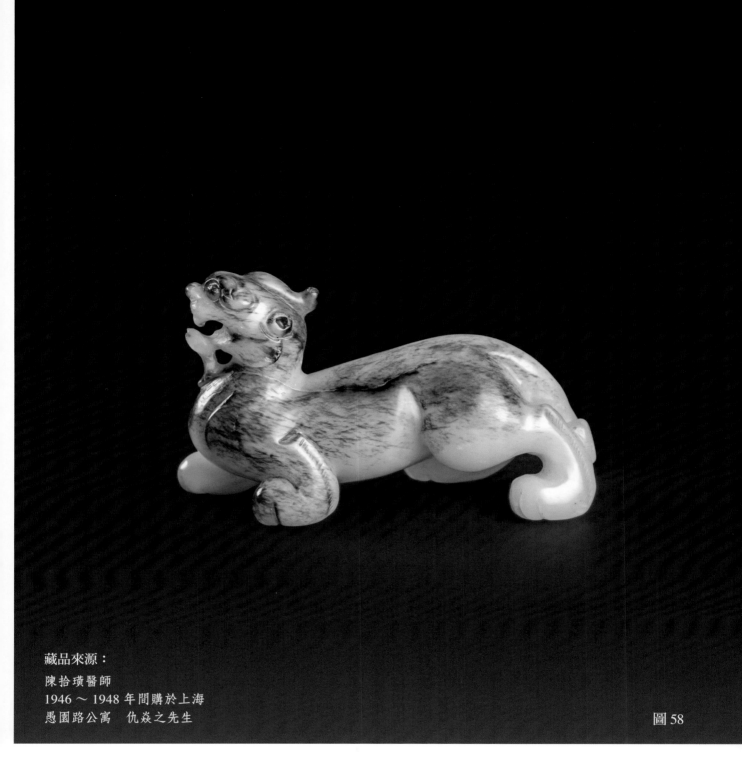

圖 58

東漢　牛毛紋白玉辟邪獸擺件

高 8 cm × 寬 4.8 cm × 厚 3 cm

文物賞析重點提示：

本器為極佳和闐羊脂白玉碾琢而成，部份獸身經風化後再受鐵鏽沁，
呈一絲絲如獸毛狀之褐黑色沁，猶如牛毛般，俗稱牛毛紋沁，以放大
鏡斜角觀察部份沁紋微微凹沁入玉表。辟邪獸雖作嘶吼狀，惟其威猛
已不如西漢之辟邪獸。故訂為東漢文物。

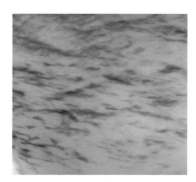

藏品來源：

陳拾璜醫師

1946～1949 年間購於上海江西路北口路東

藝林古玩店　羅伯恭掌櫃

圖 59

清　洋洋得意白玉小擺件

高 5.2 cm × 寬 5.7 cm × 厚 3.5 cm

文物賞析重點提示：

本器玉工在和闐籽料白玉上碾琢母、子二羊，母羊口啣靈芝，引喻「洋洋得意」。羊身在玉工精巧拋光工法後猶如鏡面，足徵玉工碾玉技巧之精，由其形制應為清中期後之文物。是清代可愛的白玉小擺件。

作者家族背景簡介

1928 年作者外祖父陳益軒（時任中國肥力田肥料公司負責
人）與外祖母葉太夫人在溫州留影。

1946 年作者父親金槊珹（時任英吉貿易行
董事）與母親陳拾璜醫師於上海江西路自
宅庭院前留影。

上：作者從小深受父親疼愛，
　　此為 1953 年與父親攝於
　　彰化北斗自宅庭院。
下：1948 年作者父母親解放
　　前於上海留影。

1961年作者父親金榮瑊先生（右4）（時任大時代出版社社長）發行「青年節歌曲」，監察院于右任院長（中間老者）特別在監察院慶祝聚餐，餐後與陪同秘書處官員於監察院大廳留影。（右1為作者二叔金啟仁，時任于右任院長私人秘書）。

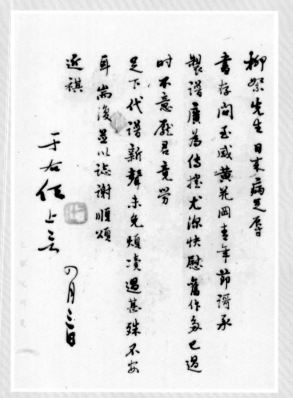

左：1961年作者父親金榮瑊先生（右1）與時任監察院長于右任在監察院大廳留影。
右：于右任院長親筆函謝作者父親柳絮（筆名），感謝代譜「黃花崗青年節歌曲」書函。

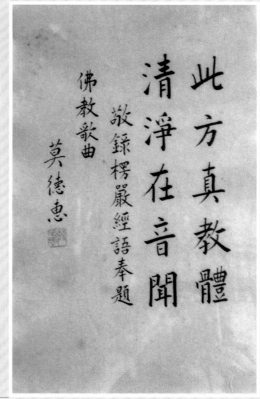

左：作者父親柳絮先生發行「佛
　　教歌曲」乙書，于右任院
　　長親題書名。
右：莫德惠院長（時任考試院
　　院長）題字紀念。

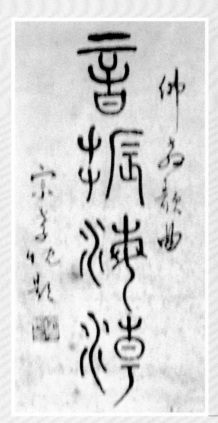

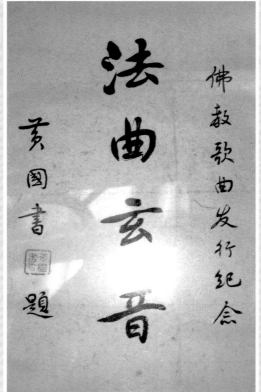

黃國書（時任立法院院
長）、國學大師宗孝忱大
師親筆書法紀念。

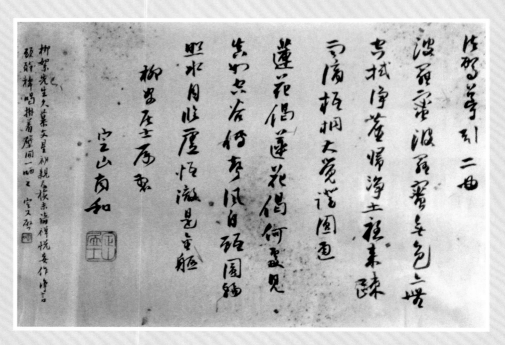

文學家空山真和題字紀念。

滬上知名女畫家雷佩芝女士（攝影大師郎靜山夫人、張大千弟子），親繪
仙佛合樂圖為佛教歌曲「偉大的佛陀清唱劇」（本書由星雲法師作詞、柳
絮作曲，1969年華嚴蓮社發行）乙書封面插畫。

同束同心願渡願必首為祝壽風高好將

時桃園边風光再起齊壽起親對徑原如

菊季仿杜甫江节三章總十六人六十同年

壽册

柳絮先生儷正

拾璜女士儷正 于右任

凄清才調最憐共一曲作成天下闻 放眼何须覓勍侣折腰

未肯立教君有缘姑享齊人福年意聊分乱世勤自代文筆錐

活命端應實是視厚雲 柳絮先生粲正 壽賦贈

左：曾今可（時任右老創設
中國文藝界聯誼會祕書
長）親筆書法小幅乙
條，贈予作者父親。

右：于右任院長親筆書法乙
幅，贈予作者父親（柳
絮）、母親（拾璜）。

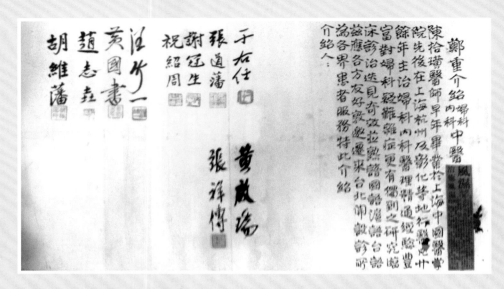

1961 年作者母親陳拾璜醫師在台北市設立診所執行醫療業務,經于右任(時任監察院院長)、張道藩(時任立法院院長)、謝冠生(時任司法院院長)、黃國書(時任立法院副院長)、黃啟瑞(時任台北市市長)、張祥傳(時任台北市市議會議長)、趙志垚(時任交通銀行董事長,為作者姨公)…等共同推薦,當時在台北市造成轟動。

上:1952 年作者母親陳拾璜經考試院中醫師考試及格,由內政部核發「中醫師證書」。
下:1980 年行政院衛生署頒給作者母親陳拾璜醫師行醫四十年優良獎狀。

左：1965年作者（左1）在台北之全家福（後左大哥金天一、後中大姊金曉薇、後右二姊金曉梅）。
右：1972年作者求學時喜打橋牌，藉以訓練對事務之敏銳反應能力。

左：1983年作者母親陳拾璜醫師與作者夫人袁幸華在木柵保儀路家中留影。
右：1983年作者母親陳拾璜醫師晚年與作者長子尚聖於木柵保儀路家中陽台留影。

1983年作者父親柳絮先生與二位外孫女蔡雅琦（左1）、
蔡雅瑋（中前）在木柵保儀路家中陽臺留影。

左：1973年作者母親陳拾璜醫師、父親柳絮先生與長女金曉薇（右1）、次女金曉梅（右
　　2）、二女婿蔡竹宮（左1）同遊高雄澄清湖留影。
右：1973年作者（右1）與同學高建智（左1）（2009年～2011年擔任台灣民主進步
　　黨副秘書長）、簡木松（中）在世新大學校園留影。

1987年作者夫婦與長子尚聖、
次子尚孝在木柵家中客廳合影。

1987年「古玉浮沉記」作者金天放
先生擔任「以仁健診中心」副院長
攝於辦公室。

1985年作者次子金尚孝出
生,與夫人袁幸華,長子金
尚聖,攝於台北木柵保儀路
家中客廳。

1988 年 12 月 26 日作者擔任「以仁健
檢中心」副院長，夫婦攜二子與員工
同遊東海岸，於花蓮太魯閣留影。

1992 年作者前往溫州祭祖，對外祖父
故居部分留影，此為房舍側門一角。

1992 年作者前往溫州祭
祖，對外祖父故居部份房
舍留影，此為二樓一角。

1994年作者擔任「美兆集團」執行長，於執行長辦公室留影。

1995年1月12日作者擔任「美兆集團」執行長期間，帶領員工至夏威夷旅遊，在夏威夷飯店原住民表演廳內留影。

1995年作者擔任「美兆集團」執行長，與「美兆集團」總裁曹純鏗於凱悅飯店尾牙餐會中留影。

2009年台灣第一金控發行「媚儷鈦金卡」，作者以美好一生企業董事長受邀參加記者會（左3），與時任第一金控林副總經理佐堯（左2）、第一金控林總經理英雄（左4）、聯合信用卡中心翁總經理光輝（左5）、第一金控鄭副總經理美玲（左6）、Master Card 國際組織張總經理懷堅（左7）合影留念。

2014年4月19日作者長孫佩杰三週歲，作者與岳父母及家人於景美松滿樓餐廳合影。

參考資料：

一、中國古玉礦物研究
　　聞廣、荊志淳

二、閃玉之生長及白化作用
　　錢憲和、羅煥記、林泗濱

三、蛇紋石古玉之礦物組成及白化現象
　　林泗濱、錢憲和、譚立平

四、鑑定古玉的礦物學證據
　　譚立平、陳肇夏、錢憲和、羅煥記、余炳盛

五、假古玉的礦物學證據
　　余炳盛、譚立平、錢憲和

中國古玉器 鑑定祕笈

Chinese ancient jadeidentification Tips

作　　　者／金天放

法律顧問／劉永良律師

攝　　　影／Sammy Studio專業攝影工作室

美術設計／憨憨泉設計

印　　　刷／崎威彩藝有限公司

發 行 人／美好一生事業股份有限公司

出 版 者／健康顧問雜誌社

地　　　址／台北市文山區景文街46-1號6樓

電　　　話／886-2-86637576

傳　　　真／886-2-86637654

網　　　址／http://www.wonderfullife.com.tw/

戶　　　名／美好一生事業股份有限公司

劃撥帳號／19927268

初　　　版／2014年12月

Ｉ Ｓ Ｂ Ｎ／978-986-90814-1-2

定　　　價／3000元